条件なき平等

私たちはみな同類だと想像し、
同類になる勇気をもとう

レジャーヌ・セナック 著
Réjane Sénac
井上たか子 訳

L'égalité sans condition
Osons nous imaginer et être semblables

勁草書房

本作品はフランス大使館とアンスティチュ・フランセの出版助成プログラムの助成金を受給しています。

Cet ouvrage a bénéficié du soutien des Programmes d'aide à la publication de l'Ambassade de France au Japon et celle de l'Institut français.

目次

凡例

・（　）は原文の通り、あるいは原語の追記をする場合に用いている。
・〔　〕は訳者による補足。説明が長文になる場合は、〔訳注〕とした。
・原注および訳注は行間に通し番号（1）（2）（3）…を付し、傍注とした。
・引用翻訳は出来る限り既訳を確認、参考にした。ただし本文との関係で適宜変更した。
・読者の便宜のため、原文にはない改行を入れた箇所がある。

条件なき平等

私たちはみな同類だと想像し、同類になる勇気をもとう

われわれが家庭用奴隷として買うのは黒人奴隷だけだ。こういう商売をしていることでわれわれは非難される。（中略）こうした取引はわれわれの優位性を示している。主人に仕える者は、主人をもつために生まれついているのだ。

ヴォルテール『諸国民の風俗と精神についての試論』(1)、一七五六年

（中略）いかなる動物もその同類に従属してはいない。しかるに、人間は神から理性と呼ばれる光明を授かりながら、その結果はどうであるか。人間は地上のほとんどいたる所で奴隷となっている。（中略）つまり、平等とは最も自然的であると同時に最も空想的なものなのだ。

ヴォルテール「平等」、『哲学辞典』(2)、一七六四年

しかしヴォルテールとはいったい何なのか。われわれは喜びと同時に悲しみをもって言うのだが、ヴォルテールとはフランス精神である。

ヴィクトル・ユーゴー『ウィリアム・シェイクスピア』(3)、一八六四年

（1）［訳注］Voltaire, *Essai sur les mœurs et l'esprit des nations*, 1756.『諸国民の風俗と精神についての試論』は一九七章からなる大著で、引用箇所はその最終章にある。奴隷制告発（たとえば、『カンディード』の第一九章）で名高いヴォルテールが、こうした黒人差別的な記述をしていることに驚かされる。ちなみに、引用文中の「(中略)」の個所には「自分の子供を売るような民族は、買い手以上に非難されるべきだ」と記されている。

『諸国民の風俗と精神についての試論』の日本語訳は、その序論にあたる部分のみが出版されているが、そこでも、「知能の程度さえもが、黒人と他の人種の間には驚くほどの差異があることを示している」、「大部分の黒人は愚昧状態に陥っており、これからも長くその状態を続けるであろう」といった記述がみられる。cf. ヴォルテール著、安斎和雄訳『歴史哲学――「諸国民の風俗と精神について」序論』、法政大学出版局、一九九〇［一九八九］年、八頁、一三頁。

（2）［訳注］Voltaire, *Dictionnaire philosophique*, 1764. ヴォルテール著、高橋安光訳『世界の名著29 ヴォルテール 哲学辞典』、中央公論社、一九七〇年、二七九－二八〇頁。

（3）［訳注］Victor Hugo, *William Shakespeare*, 1864. ヴィクトル・ユーゴー著、神津道一ほか訳『ユーゴー全集 復刻版 第六巻 歴史・論文』、本の友社、一九九二年、四八五頁。

序論　同類だと想像する勇気をもつこと

哲学者や立法者は、権利の平等という原則を侵してはいないだろうか。彼らは女性に市民権を与えることを拒否することによって、平然として、人類の半分から法律の制定に参加する権利を奪っているのだ（後略）。

こうした排除を専制的行為ではないとするためには、女性の自然権は必ずしも男性の自然権と同じではないこと、あるいは女性には自然権を行使する能力がないことを証明する必要があるだろう。ところで、男性の権利はもっぱら、男性は感覚能力にすぐれていて、倫理的に考えることができ、そうした考えに基づいて熟慮できる存在であるということに由来している。だとすれば、これと同じ資質をもつ女性は、必然的に男性と同等の権利を有するということになる。つまり、いかなる人間も真の権利をもたないか、さもなくばすべての人間に同じ権利があるということだ。それゆえ、宗教や肌の色や性別を理由に他者の権利に異議を唱える者は、自分の権利を放棄したことになる。

ニコラ・ド・コンドルセ「女性の市民権の承認について」(4)

一七九〇年七月三日。

この引用からもわかるように、数学者で、平等のために活動し、とりわけ「黒人友の会」〔奴隷貿易や奴隷制を批判して、一七八八年にジロンド派の指導者ジャック・ブリッソーによって設立された〕のメンバーでもあったニコラ・ド・コンドルセは、法的平等こそは「共通の人間性」を宣言するための条件であり結果でもあるとして、あらゆる個人の法的平等、すなわち法のもとの平等を力強く擁護した。そして、法的不平等を一八世紀末の「人権の国」フランスにおける理論的・政治的矛盾であるとして、告発した。コンドルセは、女性が、男性と違って非力であるとか肉体的に弱いといった基準のもとに——しかも、こうした基準は男性には適用されない——、公的決定に参加する権利を奪われていることに驚き、同時代の人々に対して、こうした男女の非対称性のイデオロギー的側面を認め、不平等の原因である性差別主義に真正面から取り組むべきだと強く主張した。「冬になるたびに痛風になったり、すぐに風邪を引いたりする者から権利を剝奪しようなどとは思いもしないのに、一時的な不調である生理が来て妊娠する可能性がある者は権利を行使できないのはなぜなのだろうか」[5]。

一九世紀後半、アメリカの婦人参政権論者《サフラジェット》で、奴隷廃止運動やフェミニズム運動に参加していたスーザン・B・アンソニー〔一八二〇―一九〇六〕もまた、女性の選挙権と被選挙権を主張し、女性にそれらの権利を与えないのは、うたわれている基本的権利と矛盾し、権利の侵害に当たると批判した。アンソニーは、一八五九年五月一二日の第九回女性の権利全国大会で、「わが国の独立宣言のいったいどこに、アングロサクソン人の男性は女性および黒人全体から彼らの譲渡すべからざる権利を剥奪できるなどと書いてあるのだろうか」と喝破する。一八七二年の大統領選挙への投票が違法であるとして有罪判決を受けたときには、その判決が「最高法への違反」であると告発し、そんな政府は「民主制でも共和制でもなく」、三重の支配／排除にもとづく「憎むべき貴族制」にすぎないと非難した。三重の支配／排除とは、貧富の差によるもの、（人類はただ一つの種であるにもかかわらず）いわゆる有色

（4）　Nicolas de Condorcet, « Sur l'admission des femmes au droit de cité », publié le 3 juillet 1790, dans le *Journal de la société de 1789.* ニコラ・ド・コンドルセ「女性の市民権の承認について」、『一七八九年協会ジャーナル』、一七九〇年七月三日付。
［訳注］次の文献に抄訳がある。ブノワット・グルー著、山口昌子訳『フェミニズムの歴史』、第四章「コンドルセ」、白水社、一九八二年。武藤健一「コンドルセの女性参政権論―「女性の市民権の承認について」を中心に―」、『一橋論叢』第一一二巻第一号、日本評論社、一九九四年。

（5）　出典は注（4）と同じ。
［訳注］しかし、結局、コンドルセは一七九三年のジロンド（コンドルセ）憲法草案では女性選挙権を保障しなかった。cf. 辻村みよ子『フランス革命の憲法原理』、日本評論社、一九八九年、一五八頁。

の人たちを劣った「種」とするもの、そして性別によるものを指している。(6)

コンドルセとアンソニーによって提示された問いは、答えでもある。その問いは、法的不平等が政治的なものであり、論理的なものではないことを明らかにしているからだ。その問いは、性差別、人種差別、そして経済的格差による排除を、外的要因によるものではなく、基本的権利に内在する矛盾であると指摘している。それはまた、権威主義的態度を取る者は男性であれ女性であれ、社会的地位に関係なく、法治国家から退場すべきであると断言して、正当性と権力の関係を覆したという意味で、革新的だった。ここでいう権威主義的態度とは、「宗教であれ、肌の色であれ、性別であれ、自分とは異なる者の権利」に反対する態度である。

二一世紀のいま、憲法第一条で「出生や人種や宗教による差別なく、すべての市民は法の前に平等である」と宣言しているフランス社会において、コンドルセやアンソニーの分析は過ぎ去りし時代の論争の証言として読まれるべきものなのだろうか。たしかに、二〇世紀後半は、個人間の権利の平等、特に女性にとっての権利の平等を実現するうえで非常に重要な役割を果たしてきた。しかしながら、平等は、法のもとの平等だけに単純化することはできない。経済的・社会的不平等は根強く残り、さらには拡大している。今日でもなお平等原則の施行において見られる一貫性のなさについてよく考えるべきだ。(7)

たとえば、同性婚を法制化した二〇一三年五月一七日法(8)への反対運動の広がりは、権利の平等がいまだに未完成であることを示している。要するに、平等原則を実現するうえでの一貫性のなさは、合意された原則がうまく適用されていない結果であるだけでなく、この原則の定義や、この原則が合法的に適用されるべき対象者の定義に関して意見の違いがあることに起因している。性別《セックス》とセクシュアリティが区別されずに混同される危険に対して人々が示した恐怖には、現状を「かき乱す」変化に対する断固とした拒絶が働いている。そうした拒絶は、イデオロギーの相違から来るものであると同時に、すでに確立されてい

(6) [訳注] 女性参政権がアメリカ合衆国憲法に記載されたのは一九二〇年、フランスで女性参政権が認められたのは、第二次世界大戦後の一九四四年である (本書三六頁を参照)。アメリカで人種的マイノリティの選挙権が確保されるのは一九六五年の投票権法まで待たねばならなかった。

(7) 不平等の実態および推移については、特に、「不平等オブセルヴァトワール (監視所)」による統計資料および分析を参照されたい。www.inegalites.fr

(8) [訳注] 通称「みんなのための結婚法」。この法律が成立した歴史的・社会的背景については、次の文献を参照されたい。イレーヌ・テリー著、石田久仁子・井上たか子訳『フランスの同性婚と親子関係――ジェンダー平等と結婚・家族の変容』、明石書店、二〇一九年。

る秩序を乗り越えるときに付きものの不快感を受け入れなければならないことへの拒絶でもあるだろう。

二〇一六年一〇月三日にフランシスコ教皇が引用したエピソードは、無秩序の危険性を理由に、とりわけアイデンティティの混同と喪失の危険性を理由に、いまや平等が不評を買っていることを示している。小学校で広く行われている平等教育の影響で息子が女の子になりたがったらどうしようと心配している父親がいるというのだ。教皇は、もし「同性愛的傾向をもっていたり、性別を変えたいと思っていたりする」としても、それと「学校でその路線に沿った教育をすること」とは別の話だと主張する。その前日にジョージア〔旧グルジア〕で、「この手のジェンダー理論」はまるで「婚姻を破壊する世界戦争」のように見えると批判した教皇は、この日、フランスの教科書の内容を「イデオロギー的植民地化」と形容した。すると、同月五日、今度はニコラ・サルコジが、モントーバン〔フランスの南部、タルヌ＝エ＝ガロンヌ県の県庁所在地〕での、二〇一七年の大統領選挙に向けた右派および中道派の予備選挙のためのミーティングの席で、この教皇の言葉を擁護した。こうした擁護は、宗教的権威者たちによって推し進められてきた論拠と、共和主義の優越[9]というもはや懐古的ともいえる政治的発言とが同じところに帰結することを示している。彼らにとって平等は、伝統的な分類法、特に、性別、人種、性的指向といったアイデンティティの伝統的な分類法をくつがえす危険性をはらむものと見なされているのだ。

もちろん、女性はいわゆる「本性」、言い換えれば、動物性の影響から逃れられないという理由で、女性から政治的市民権を奪うなどということは、いまや時代遅れである。にもかかわらず、宗教界や政界の大物だけでなく、ジャーナリストや知識人のなかにさえ、女性は特異な存在であるとする旧態依然の見方がいまだに根強い。女性を特異性に執拗に結びつけることは、男性と女性を対比する二分法の存在を示すものであり、また、そうした二分法をつくりだすものでもある。女性の特徴は特殊性にあるとされ、それは、一般的なことや抽象的なことを理解して具現する政治的能力をそなえた一人前の市民として認められるための長所ではなく、むしろ欠陥だと見なされる。

たとえば、二〇一七年一一月二五日の女性に対する暴力撤廃の国際デーのデモで掲げら

(9) Denis Pelletier, « Les évêques de France et la République de l'intime (1968-2005) », dans Céline Béraud, Frédéric Gugelot et Isabelle Saint-Martin (dir.), *Catholicisme en tensions*, Éditions de l'EHESS, 2012, p. 179-190 ; Laurie Laufer et Florence Rochefort (dir.), *Qu'est-ce que le genre ?*, Payot, 2014.

れた「自由・平等・ソロリテ（姉妹愛）」のスローガンに対するラファエル・エントヴェン〔一九七五年生まれ。哲学教師（アグレジェ）。ラジオやテレビの文化番組のパーソナリティとしても有名〕の発言を引用してみよう。彼は、一一月二七日のユーロップ1〔フランスのラジオ局〕の朝の番組で「ソロリテ」という言葉を特に取り上げて、「ソロリテは、〔フランス共和国のスローガンである〕フラテルニテ（友愛）のまさしく反対語である」〔フラテルニテの本来の意味は「男同士の友愛」〕と語った。エントヴェンによれば、フラテルニテとソロリテには「何のつながりもない」。なぜなら、彼によれば、ソロリテは「派閥的な連帯」を示していて、これは「想像上の、あるいは現実に受けている監督への反動として、集団に属すること自体に価値を見出し、仲間内を重視するあらゆるマイノリティ」に当てはまる。彼は、ソロリテは、社会的マイノリティ――すなわち人数とか年齢といった基準とは無関係に（もちろん女性とは限らない）、正当性や権利を欠く者として扱われている人たち――の共同体主義的・派閥主義的精神を表すものであると決めつけて、おまけに、男性は抽象的思考力に恵まれ、〔女性が特殊であるのに対して〕一般の側にいるという反フェミニズムの典型的な考え方を表明したのだ。女性や「人種化された」[10]マイノリティは、一般利益の何たるかを知らず、あるいは一般利益を犠牲にしてまでも自分たちの「ちっぽけな」利益だけを守ろうとする生来の使命のなかで身動きがとれなくなった者と定義される。エントヴェンのこの発言は、平等やフェミニズムについてのポリティカルコレクトネス〔差別・偏見を防ぐ目的で、政治的・社会的に公正・中立で、差別・偏見を含まない言葉や表現を使用すること〕に逆らって、男女の非対称性への執着がいまも存在していることの典型的な例である。フランスで最も聴取率の高い朝のラジオ番組の一つが、「自由・平等・ソロリテ」というスローガンはフランス共和国のスローガンを汚し、さらにはそれを共同体主義的なものに貶《おとし》める代替物にすぎないとして見下すような扱いをし、いわゆる平等主義的、さらにはフェミニスト的なポリティカルコレクトネスの存在さえも疑わしいものにしたのだ。この番組では最後に、「ソロリテのフラテルニテに対する関係は結社の

（10） 本書では、« racisé·e »と« racialisé·e »を区別せずに用いているが、これらの用語は、階層《カテゴリー》を構築する歴史的・政治的プロセスにおける社会的側面を示すものである。すなわち、〔社会によって、〕生物学的あるいは身体的特徴が人種的差異と結びつけられ、そうした特徴が集団間に序列をつくるために利用されるのだ。特に、次の文献を参照されたい。« Racisme, race et sciences sociales », *Raison présente*, 174, 2e trimestre 2010.
〔訳注〕「人種化された（人） racisé, racialisé」という用語は、たとえば、イスラム教徒・ユダヤ人・黒人・アラブ人・アジア人などを想起させるが、宗教・肌の色・話す言葉・出身地など、さまざまな要因が「人種」と結びつけられて「人種化され」、それによって差別されていることを表現している。「人種化された」ということで、ジェンダーが社会的に構築されたものであるのと同様に、人種もまた排除の理由として社会的に構築されたものであることを表している。

国家に対する関係に等しい」と決めつけたが、こうした主張は、フェミニストたちが提起した問題を脱政治化することでこの問題を蚊帳の外に置くために、メタファーを利用しているにすぎない。それはまた、まさかこうしたインテリの端くれにまであるとは思ってもいなかった国家主義的空想力がいかに強いものであるかを示している。

同様に、多少とも性差別的でない言語、いわゆる包摂的あるいは平等主義的言語を推進するために一九八〇年代から続けられている活動家たちの努力や制度上の努力を笑いものにする議論は、女男平等についてのコンセンサスが幻想にすぎないことを見事に示している。[12] ここで、フランス語の男性化は歴史的につくりあげられたものであることを思い起こすのは無駄ではないだろう。[13] 一七世紀、アカデミーフランセーズは、男性形は女性形より優位でなければならないという規則を課した。というのもアカデミーフランセーズの二人の文法学者、クロード・ファーヴル・ド・ヴォージュラとニコラ・ド・ボーゼの言葉によれば、「男性は女性より優れているがゆえに」「男性形は女性形よりも高貴」だからである。このように、この文法上の規則は、とりもなおさず社会的・政治的な秩序だといえる。言葉を媒介として、まさにこうした性別にもとづく不平等な秩序が、私たちが話し、考え、生活していくための枠組みであるかのように演出されているのだ。言語は、男女間の非対称的な補完関係、すなわち不平等への服従を条件づける。言葉は、私たちが生まれてから、さらには生まれる前から、それを通じて互いの関係性を築くための媒体である。言葉は私たちの嗜好、私たちの夢、つまりは私たちの現実をつくりあげる。言語に潜む性差別主義を見直そうとすることへの反動は、女男平等について、そして何よりもまず教育に重点を置くことの必要性について、表面的にはコンセンサスがとれているように見えるものの、実際にはいまだに抵抗があることを暴露している。

たとえば、二〇一七年一一月七日の『スレート *Slate*』〔一九九六年にアメリカで創設された左派系のオンライン雑誌のフランス版。二〇〇九年にジャック・アタ

（11）〔訳注〕制度的なものの例として、一九八四〜八六年に当時の女性の権利大臣イヴェット・ルーディのもとで、女性の職業や役職名の女性化に関する委員会（委員長、ブノワット・グルー）が組織され、一九八六年三月一一日付の通達として結実したが、実効はほとんどなかったため、一九九八年三月六日の通達により、再びこの問題が取り上げられた。その結果、現在では、Madame le ministre ではなくMadame la ministreが普通になるなどの大きな変化が見られた。

（12）Chantal Mouffe, *L'Illusion du consensus*, Albin Michel, 2016. シャンタル・ムフ著、酒井隆史監訳・篠原雅武訳『政治的なものについて――闘技的民主主義と多元主義的グローバル秩序の構築』、明石書店、二〇〇八年〔いずれも原本は *On The Political*, Routledge, 2005〕。

（13）Éliane Viennot, *Non, le masculin ne l'emporte pas sur le féminin ! Petite histoire des résistances de la langue française*, Éditions iXe, 2017 ; *Le Langage inclusif : pourquoi, comment*, Éditions iXe, 2018.

リらによって開設された〕の「論壇」欄に掲載された投稿は、男性形は女性形より優位にあると教え続けることを拒否する三一四人の教師たちによる一種の要望書である[14]。だが、国民教育大臣ジャン＝ミシェル・ブランケは、その要望を不当で、度を越していると批判した。ブランケ大臣は、教師たちの投稿が発表された翌日、ナンテール〔オー＝ド＝セーヌ県の県庁所在地、パリの北西に位置する〕の中学校に出向いて、こう語った。「フランス語では複数形の場合、男性形が当てられるが、これは多くの場合、中性形に類するものである。ただ、それだけのことだ。（中略）私が懸念しているのは、フランス語に対して繰り返される攻撃についてだ。いかに正当な闘いであれ、フランス語が闘いの道具にされるべきではない」。コンドルセなら疑いもなく、フランス語の文法で「中性」に男性形が使われることに執着する大臣のこの発言のなかに、平等原則についての中途半端で、したがって筋道の通らない理解に対する分別のなさを見るだろう。このような無分別こそは、不平等なイデオロギーがいまだに根強く存在することを示し、またそうしたイデオロギーの存続につながっている。大臣の発言は、〔この投稿に示された〕平等原則とそれを実践するために教育が担う中心的役割を支持する非常に「ポリティカルコレクトネスな」姿勢とは相反している。

哲学者あるいは大臣といった肩書きがもたらす学術的あるいは政治的な権威を傘にきて

こうした立場をとることは、〔実際はそうではないのに、平等はすでに存在していると信じさせる〕平等神話とも呼べる物語を繰り返しつくりだすことになる。そうした神話は、平等原則に与えられている意味についての議論や平等原則を実現するうえで何が正当で何がそうではないかについての議論を妨げる砦となる。平等主義的な表記法に向かう歩みは、決して副次的なものではなく、平等を可能にする条件の一部である。まるで魔女を弾劾するのと同じように、[15]フェミニズムの過激さを弾劾しようとする動きは、平等がもはや一つの構造化神話ではなく、一つの現実となる社会への恐怖心の表れである。しかしそれは、批判と一貫性という狭き門をくぐり抜けてともにつくり出さねばならない現実、たとえ心地よいとはかぎらなくても、ともに生きなければならない現実なのだ。

いくつかの論争〔たとえば言語に関する論争〕は、馬鹿げたことだと笑いものにされたり、[16]さらには、もっと重要な問題（特に経済格差や暴力に対する闘い）の足を引っ張るものとし

（14） www.slate.fr/story/153492/manifeste-professeurs-professeures-enseignerons-plus-masculin-emporte-sur-le-feminin
（15） Armelle Le Bras-Chopard, *Les Putains du diable. Procès en sorcellerie et construction de l'État moderne*, Dalloz, 2016.
（16） Eugénie Bastié, *Adieu Mademoiselle. La défaite des femmes*, Le Cerf, 2016.

て批判されたりするが、その結果、平等のための闘いは弱体化していく。そうした批判はまた、平等のための要求や社会参加《アンガージュマン》を、よくて副次的な、最悪の場合には非生産的な運動であるとする意図的な弾劾の形をとる。「フランスでは、配偶者あるいは元配偶者からの暴力によって二・五日に一人の割合で女性が死亡しているというのに、あるいはまた、目に余るほどの賃金格差があるというのに、言葉の問題以外に何もやることはないのか」という具合だ。同じ調子で、性差別、人種差別、反ユダヤ主義、イスラム嫌悪、貧困……といった問題のうちのいったいどれが政治的に最も深刻で最も緊急度が高いかという問いが投げかけられる。「移民受け入れかホームレス支援か、都市政策への助成か女男平等政策への助成か、どれを最優先すべきか」という類の選択が迫られることになるのだ。

このようにさまざまな不平等の問題を競わせると、そうした問題が錯綜している状態のなかで支配のシステムをうまく考えることができなくなる。それは、緊張関係や対立を生み出して、既成の不平等な秩序から自由になるために不可欠な団結を困難にし、ひいては不可能にしてしまう巧みな手法である。同一集団内での、あるいは集団間での不平等に序列をつけることによって、不平等がもたらす影響を正そうとしても、補正できるぐらいがせいぜいで、とても変革までは行えない。私の考えでは、変革的な解放とは、その条件および結果として、各自がそれぞれの特異性を超えてではなく、特異性のただなかで平等であるために、自分たちは同類なのだと想像できるという事実をともなうものである。同類であると想像することは、個人の特異性を認めることと矛盾しない。逆に、そう想像することは、各人が、序列的できわめて硬直的なアイデンティティの指定から自由になり、自ら花開くことを可能にするという点において、変革的な解放の条件である。重要なのは、各人が、フランス国民としての、性別による／性差別的な、あるいは人種による／人種差別的な系譜を超えて、個人としての特異性を表明できるかどうかだ(17)。こうしたアイデンティティの指定は、分類する立場にいる、すなわちカテゴリーとその境界を決定する正当性をもつという根本的な権限――というのも他者を条件づけるのだから――の横領という視点から理解されなければならない。政治学者のアルメル・ル・ブラ＝ショパールが分析しているように、人間という意味だけでなく男性という意味でもある多義的な「人間《オム》／

（17） Elsa Dorlin, *La Matrice de la race. Généalogie sexuelle et coloniale de la nation française*, La Découverte, coll. « Textes à l'appui / Genre et sexualité », 2006 ; Abdellali Hajjat, *Les Frontières de l'« identité nationale ». L'injonction à l'assimilation en France métropolitaine et coloniale*, La Découverte, coll. « Sciences humaines », 2012.

男性《オム》」〔フランス語でオム homme には人間と男性の両方の意味がある〕を自称し、そう振舞う者が、自らを基準と見なして、自分とは異なる男性や女性を、人間性の最も欠如したものとしての動物性へと追いやり、支配する。[18] 自らを、社会というゲームとそのルールを規定する者と位置づけているのだ。歴史家のミシェル・ザンカリーニ゠フールネルは、フランスの近現代史の出発点として〔一六八五年のルイ一四世による〕黒人法典の制定およびナントの勅令の廃止を選ぶことで、私たちの視点の中心をずらすように促している。[19] 権力者や勝者の物語とは別の物語、[20] つまり、女性や無名の男性、宗教的マイノリティや有色人種などのマイノリティを中心に据えなおし、さらには伝統的な国境にとらわれない、進歩的で開かれた歴史をつくりだすべきなのだ。こうした批判的系譜の作成作業は、決して心地よいものではないとしても必要なことである。かつてもそして今日もフランスは平等の国だという国家的な物語を誤りであるとすることは、フランスが明日には平等の国になれるための前提条件である。トゥキュディデスが『ペロポネソス戦史』に記した警句を援用するならば、見せかけの平安を犠牲にしても、自由であることを選ばねばならない。なぜなら、「自由のないところに幸いはなく、勇気のないところに自由はありえない」[21] のだから。平等を可能にする条件について理解するには、まずは平等を不可能にする条件を明らかにすることだ。

平等・自由・友愛の原則は互いにどう関連しているかを分析してみよう。友愛（フラテルニテ）という言葉の見せかけの中立性は、政治的、宗教的、哲学的等々のさまざまな共同体の中に、平等なファミリーの一員としてふさわしいと認められた者とそうではない者との間に、歴史的にも現代においても、境界線が引かれていることを（不完全にであれ）隠している。この中立性の物語について検討することで、フラテルニテという言葉の裏に隠されている考え方に――そうした考え方に賛成するにしろしないにしろ――気づくことができる。「兄弟ではない者たち」[22]が排除されている「兄弟たち」[23]の共同体を構成する崇拝対象《トーテム》の両義性に気づくことができるのだ。「兄弟ではない者たち」という表現は、特

(18) Armelle Le Bras-Chopard, *Le Zoo du philosophe. De la bestialisation à l'exclusion*, Plon, 2000.

(19) Michelle Zancarini-Fournel, *Les Luttes et les Rêves. Une histoire populaire de la France de 1685 à nos jours*, Zones, 2016.

(20) Patrick Boucheron (dir.), *Histoire mondiale de la France*, Le Seuil, 2017.

(21) ［訳注］トゥキュディデス著、小西晴雄訳『歴史 上』、ちくま学芸文庫、二〇一三年、一五九頁。

(22) Réjane Sénac, *Les non-frères au pays de l'égalité*, Les Presses de Sciences Po, 2017.

(23) Carole Pateman, *The Sexual Contract*, Stanford, Stanford University Press, 1988 ; Françoise Gaspard, « Du patriarcat au fratriarcat. La parité comme nouvel horizon du féminisme », *Cahiers du genre*, hors-série, 2011, p. 135-155.

定の集団に属する人たちが識別され定義されるのは、否定、欠如、能動／受動の対比といった領域においてであるということを示している。性別によって特別視されるにしても――女性だけでなく、女性・男性のどちらにも区別されない人たちも[24]――、あるいはまた肌の色によって特別視されるにしても、「兄弟ではない者たち」に共通している点は、生来の使命や性向から適切な距離を保つ能力が欠如していると見なされて、それを理由に政治から閉め出されていることだ。「白人ではない[25]」人たちという言い方は、支配者たち〔つまり「兄弟たち」〕が自分たちの中立性や不可視性――彼らがそう思っているだけだが――に照らして不調和だ、特異だと見なす人たちを、女性であれ男性であれ、単に肌の色だけで識別する政治的虚構をよく表している。〔「非白人」を〕政治から排除するこうした論理と同じ論理において、女性は、母になるというあるいは母であるという「美しき」運命――「非白人」がその身体の強さや伝統に結びつけられるのとまったく同じである――のネガティブな反面としての、身体的な劣等性や弱さに結びつけられ〔あるいは貶《おとし》められて〕、乗り越えることができない特異性へと追いやられる。

　その結果、「兄弟ではない者たち」は、〔支配者である「兄弟たち」から〕政治的・社会的に重要な意味を含む〔と見なされた〕差異によって規定される集団に属する者として識別される。彼らを個人として認識することは、そうした特異性をもつ集団のメンバーと見なすことに比べて二次的なことである。そもそも「兄弟ではない者」として構築され／見なされるということは、とりわけ女性や人種化された人々にとっては、〔人間として同類であるという類似性ではなく、〕いわゆる「兄弟ではない者たち」の共同体の内部だけに限定された類似性に帰されるということだ。それはまた、外見や、自ら選択したのではない属性、とりわけ性別や肌の色といった属性に結びつけられた内輪だけのフラテルニテに割り振られることを意味する。「兄弟ではない者」のフラテルニテは、何よりもまず、被支配者どうしの歴史（あるいはむしろ、歴史の否定）、利害、さらには運命の共同体に結びつけられ

（24） Janine Mossuz-Lavau, Réjane Sénac, « Homme/Femme/Autre face à l'élection présidentielle », Note CEVIPOF #15, vague 3, avril 2016 ; Tribune de Janine Mossuz-Lavau et Réjane Sénac, « Ne peut-on imaginer un avenir sans la mention du sexe à l'état civil ? », *Le Monde*, 7 mai 2016.

（25） William Edward Burghardt Du Bois, *The Souls of Black Folk authoritative text, contexts, criticism*, New York, Norton, 1999 [Chicago, MacClurg & Co, 1903] ; Les Back and John Solomos (éd.), *Theories of Race and racism : a reader*, Londres, Routledge, 2000 ; Maxime Cervulle, *Dans le blanc des yeux. Diversité, racisme, et médias*, Amsterdam, 2013 ; Sylvie Laurent, Thierry Leclère (dir.), *De quelle couleur sont les Blancs ? Des « petits Blancs » des colonies au « racisme anti-Blanc »*, La Découverte, 2013.

るのであって、特異であると同時に同類でもある個人としての能力、人間社会の企てに参加できるすぐれて政治的な能力に結びつけられるのではない[26]。彼らが〔兄弟とは〕異なる者として一挙に分類されるということは、「兄弟ではない者たち」への平等原則の適用が、なぜ個人の特異性の否定や差異の無化という危険性に結びついてしまうのかを説明している。一方、「兄弟たち」の間ではそういうことは起きない。〔特異性をもちつつ〕互いに同類だと想像することは、「兄弟たち」の間では自明なことと思われるが、「兄弟たち」と「兄弟ではない者たち」との間では非常識なことになるのだ。このずれこそが、「兄弟ではない者たち」を特異な個人であると同時に同類でもあると見なすことの難しさを示している。

スピノザは、『エチカ』の第三部定理二七[27]において、「誰かに似ている」とは何を意味するのかという問題に取り組んだが、「類似性は、われわれが想像力によって、同類を同類だと識別し、同類がわれわれを同類だと識別できる能力にある[28]」と定義できるだろう。人間であることとは、個々人の差異や特異性がどうであれ、他の人たちと自分自身を共通の種、すなわち人類に属するものとして認識する主観的かつ普遍的な過程を通して生じるのだ。同類だと想像するこうした能力は、差異を否定するものではなく、差異が、すべての人を、男も女も、人間という同類として認める障害にはならないということである。この能力は、人間が共通してもっているものだ。したがって、〔自分とは異なる者を〕男性であれ女性であれ、同類として認めずに非人間として追い払うことは非人間的である。

　このように、平等について真剣に考えることは、同類であると想像することによって何がもたらされるか、逆にそう想像しないこと、拒否することは何をもたらすかについてよく考えることだ。こうした問いは、人間性を失わせる動物性の証拠とされる差異を理由に、ある人たちが人間性やそれに付随する権利から明白に排除されているときにだけ提起されるのではない。この問いは、「自由・平等・友愛」というスローガンが掲げられているにもかかわらず、なぜ不平等が続いているのかを理解するためにも提起される。

（26）Frantz Fanon, *Peau noire, masques blancs*, Le Seuil, 2015 [1952]、フランツ・ファノン著、海老坂武・加藤晴久訳『黒い皮膚・白い仮面』、みすず書房、二〇二〇年；Alain Mabanckou, *Le Sanglot de l'homme noir*, Fayard, 2012.

（27）［訳注］Spinoza, *Ethique*, livre III, proposition 27. スピノザ著、畠中尚志訳『エチカ（倫理学）』、ワイド版岩波文庫２７８、二〇〇六年。ただし、該当箇所には、ここにあるような定義はない。注（28）の著者によるオリジナルな解釈と思われる。

（28）Myriam Revault d'Allonnes, « À l'épreuve des camps : l'imagination du semblable », *Fragile humanité*, Alto – Aubier, 2002, p. 165.

「兄弟」／「兄弟ではない者たち」という類型論は問題を明確にしてくれる。なぜなら、この類型論によって、平等が不可能となる条件を分析できるからである。私の研究では、パリテ〔男女同数代表制〕[29]やダイバーシティ[30]を促進することにおいて、あるいは同性のカップルに民事婚への門戸を開くこと[31]において、「兄弟ではない者たち」のフランス社会への包摂がどのようにして正当化されたかを検討することによってそうした分析に取り組んでいる。こうした公的な正当化について分析していると、「兄弟たち」が「兄弟ではない者たち」を同類であると想像することを拒絶し、「兄弟ではない者たち」を補完的な役割のなかに閉じ込めておくような拒絶が連綿と続いていることがはっきりと見えてくる。

最初は差異を理由に、自立した一人前の政治的行為者として認めることはできないと判断され、排除されていた女性たちや「非白人たち」が、今度は差異を理由に受け入れられつつある。彼ら／彼女らの差異は高いパフォーマンスをもたらすものとして脚光を浴びる。ここでパフォーマンスとは、新自由主義《ネオリベラリズム》の領域では収益性、新本質主義《ネオエッセンシャリズム》の領域ではアイデンティティの演出〔抑圧される側による対抗的なアイデンティティの主張〕という意味で理解される。誤解がないように言えば、「兄弟ではない者たち」を政治的・経済的エリートの仲間に入れること（たとえば、パリテによって国会議員にし、ダイバーシティによって企業の幹部にすること）、さらに、当人の性的指向がどうであれ、民事婚に関する権利を平等に与えることは、平等原則の適用という観点から見て、確かに前進である。しかしながら、彼らを包摂することでパフォーマンスが高まるという論拠で、「兄弟ではない者たち」への平等原則の適用を正当化したからといって、平等が達成できるわけはない。なぜなら、それは、「兄弟たち」と「兄弟ではない者たち」の間の非対称性の源である補完性をつくりあげた神話を現代的にアレンジしているにすぎず、そうした神話を超越するものではないからである。

「解体と道しるべの二つの役割」を果たすために、そして、「歴史をたどる道筋のなかで

（29） Réjane Sénac-Slawinski, *La Parité*, PUF, « Que sais-je ? », 2008 ; Réjane Sénac-Slawinski, « Justifying Parity in France after the Passage of the so-called Parity Laws and the Electoral Application of them: the 'Ideological Tinkering' of Political Party Officials (UMP and PS) and Women's NGOs », *French Politics*, 6 (3), 2008, p. 234-256 ; Réjane Sénac-Slawinski, « De la parité à la diversité : entre Deuxième sexe et discrimination seconde », *Modern and Contemporary France*, « Women in French Politics », 18 (4), 2010, p. 431-444.

（30） Réjane Sénac, *L'Invention de la diversité*, PUF, 2012 ; Réjane Sénac, *L'Égalité sous conditions : genre, parité, diversité*, Les Presses de Sciences Po, 2015.

（31） Bronwyn Winter, Maxime Forest, Réjane Sénac (dir.), *Global Perspectives on Same-Sex Marriage, A neo-Institutional Approach*, Basingstoke, Palgrave MacMillan Global Queer Politics, 2018.

考えられる横道や分岐点」[32]を明らかにするために、本書は、生まれつき「価値が低い」という理由で、「兄弟ではない者たち」を排除してきた歴史的・理論的なプロセスに追随するという誘惑を超えることを提案する。重要なのは私たちが互いに普遍的に同類であると認め合うことであって、「兄弟ではない者たち」に文化的、社会的および／あるいは経済的な「付加価値」を期待することではない。

トマ・ピケティの『21世紀の資本』[33]が学問の世界に大きな反響をもたらし、商業的にも大成功であったとはいえ、平等原則を扱った著作の大多数はあまり注目されず、さほど認知されていない。そうした研究は理想主義にすぎないとされ、「現実に根ざしておらず」[34]、社会的有用性がほとんどない、さらにはまったくないと考えられている。これはパラドックスである。というのも、不平等を解消するためには、純粋かつ理想的な原則を「どのように」適用するべきかを探る必要があるが、それだけでは不十分で、まず何よりもこの原則の意味、意義（平等原則とは「何か」）、ならびに目的（「なぜ」、「何のために」）、そしてまた適用範囲（「何を」と「誰に」の関連）〔つまり何を誰に適用するのか〕について考えなければならないからだ。トマ・ピケティの診断によれば、「うたわれている市民の権利の平等と生活条件の実際の不平等とはきわめて対照的である」[35]が、この診断はいわゆる形式的平等と実質的と称される平等との対立に限定して分析されるべきではない。

「フランス流の」平等が模範的であるかどうかは、連綿と続いている不平等を人権（男性の権利）の国のパラドックスとジレンマの表れとしてとらえることによって、検討を重ねなければならない。どんな条件のもとでなら、フランス共和国のスローガン「自由・平等・友愛」に掲げられている原則が、平等な社会にとってパラドキシカルな障害にならな

（32） Loïc Wacquant (entretien), « Le corps, le ghetto et l'État pénal. Sur le terrain avec Loïc Wacquant », *Labyrinthe*, mis en ligne le 23 février 2009 :
http://journals.openedition.org/labyrinthe/3920

（33） Thomas Piketty, *Le Capital au XXIe siècle*, Le Seuil, 2013 ; Thomas Piketty [trad. Arthur Goldhammer], *Capital in the Twenty-First Century*, Cambridge (Mass.), Harvard University Press, 2014. トマ・ピケティ著、山形浩生・守岡桜・森本正史訳『21世紀の資本』、みすず書房、二〇一四年。

（34） Charles Mills, « Ideal Theory as Ideology », *Hypathia*, 20 (3), 2005, p. 165-184 ; A. John Simmons, « Ideal and Non-Ideal Theory », *Philosophy and Public Affairs*, 38 (1), 2010, p. 5-36 ; Elizabeth S. Anderson, *The Imperative of Integration*, Princeton, Princeton University Press, 2010, p. 3.

（35） Thomas Piketty, « Les inégalités économiques sur longue période », dans Robert Castel et al., *Les Mutations de la société française aujourd'hui. Les grandes questions économiques et sociales II*, La Découverte, 2007, p. 56.

いのだろうか。現在、「友愛」という言葉が熱狂的に受け入れられていることは両義的である。なぜなら、こうした熱狂は、人々の共通性、絆、連帯を、身内を表現する言葉を通して、自然発生的な共同体としての家族モデルのアナロジーによって語ることにあるからだ。

そこでまず第1章では、「フラテルニテ」という語は、政治的なものの「何」と「誰」の関連において現在どのように用いられているのか〔言い換えれば、この語がもつ政治的な意味は何か、誰について誰のために適用されているのか〕について考えることから始めよう。

次に第2章では、自由への執着が、平等を検閲および／あるいは厳格主義《ピューリタニズム》の倫理的な領域に追いやることによって、平等の価値を貶《おとし》めるためにどのように利用されうるかについて検討しよう。個人的な才能を開花させるという個人主義的なバージョンに限られた自由は、脱政治化の道具にもなる。なぜなら、そういう自由は、集団的な課題に目を向けず、平等原則の適用を正義ではなく倫理の問題にしてしまうからだ。

最後に第3章では、平等はすでに存在しており、しかも、収益性を期待できるという神話、こうした神話を超えて、どんなふうに平等を考えるべきかを分析しよう。

その道のりは、個人や集団の不平等を引き起こす構造的な支配のベクトルとして受け継がれてきた枠組みを取り壊すという意味で、「絶縁破壊」(36)と形容することができる。それはまた、偶像化された共和国のフラテルニテと、社会的メリットとしてほめそやされる経済的パフォーマンスという、二つの代わる代わる唱えられる呪文《マントラ》から解放されて、既存の枠組みをつくり直すことを求めるものである。

(36) ［訳注］絶縁体に加わる電圧を増していくと、ある限度で突然、絶縁性を失って大電流が流れる現象で、機器の破壊や、その他の災害の原因になる。

第1章　平等対フラテルニテ

「身内の」という意味が刻み込まれている「フラテルニテ」という語を使用することは、「誰」の境界線〔この語が適用されるのは「誰」になのか〕や政治的な「もの」の境界線〔そこには政治的な「何」がかかわっているのか〕について考えさせる。

サルトルは、『弁証法的理性批判』において、こうした問題を取り上げて、次のような真剣に検討すべき問いを提起している。「いったい、缶詰の中の一粒のグリンピースが、どうして、同じ缶の他のグリンピースの同胞だといえるだろうか[37]」。このメタファーを展開するためには、私たちはなぜ全員が野菜であると認め合わないのか、そうではなく、なぜ独自のサイズや色や重さや産地をもつ人参やエンドウ豆や玉ねぎであると識別するのか

（37）〔訳注〕J.=P. Sartre, *Critique de la raison dialectique*, Ed. Gallimard, 1960、ジャン＝ポール・サルトル著、平井啓介・森本和夫訳『弁証法的理性批判Ⅱ』、人文書院、一九六五年、一一四頁。

を疑ってみることが必要だ。身体的な差異に関わるものだから客観的だとされているいくつかの分類基準、とりわけ性別と肌の色の違い――これは二つとも信憑性がなく、解体すべきであるが――は、なぜ、社会的に見て「髪の色」[38]や頭の形[39]の差より決定的、ひいては差別的なのだろうか? こうした問いに立ち向かうことは、「兄弟ではない者たち」を執拗に差異化し人間性を無視するソフトウェアに制御されることなく、平等について考え平等を実現させるために不可欠である。人はみな、個人として特異であると同時に人間として同類であると認めること、それを阻んでいる障壁を乗り越えるためには、何が人々の政治的なつながりの根拠になっているのかを、そうしたつながりの限界やそうしたつながりから排除されている人々についても含めて、よく考えることが重要である。

フラテルニテ――平等な共和国という物語の中心で見えていないもの

フラテルニテの国、フランス共和国の原罪〔フラテルニテはもともと「兄弟愛」の意味であり、一七八九年の人権宣言でも「人」が意味するのは「男」であり、女性は含まれていなかった〕に関するタブーを取り除くこと、それは「兄弟たち」と「兄弟ではない者たち」との境界の歴史を明らかにするだけでなく、そうした境界の現状を明らかにすることでもある。

すでに引用した、ラファエル・エントヴェンがソロリテについて語った番組を例にとろう[40]。その番組でエントヴェンは、「フラテルニテという言葉から女性は排除されていないのだから、フラテルニテに匹敵する女性形など存在しない」と語った。「人権〔フランス語で人権は les droits de l'homme というが、homme には人間と男性の両方の意味がある〕に女性の権利が含まれているのと同じように、フラテルニテは兄弟と姉妹の両方を含む総括的で寛容な言葉である。もちろん、〔フラテルニテの本来の意味は男同士の友愛であり〕言語は現実を語ると嘆くことはできよう。しかし、言葉は物ではない。フラテルニテから女性を排除しようなどと考える人はいない」というのだ。

本当にそうだろうか？　こうした主張は、論理的にも、歴史的にも、そして社会学的にも誤った解釈と見なすことができる。こうした主張は、過去そして現在の証拠に反して、女男間[41]の平等が共和国の価値として定義されているフランスという国がいかに模範的な国

（38）　John Stuart Mill, *L'Asservissement des femmes*, Payot, 1975 [1869]. ジョン・スチュアート・ミル著、片口泰二郎訳『婦人の服従』、聚英閣、一九二三年〔国立国会図書館オンライン〕。

（39）　Bertolt Brecht, *Têtes rondes et têtes pointues*, L'Arche, 2011. ベルトルト・ブレヒト著、岩淵達治訳「まる頭ととんがり頭」、『ブレヒト戯曲全集』第三巻、未来社、一九九八年。

（40）　www.europe1.fr/emissions/le-fin-mot-de-linfo/la-sororite-est-a-la-fraternite-ce-quun-club-de-supporters-est-a-une-nation-3504236

であるかを示す演出にすぎない。

だが、こうした主張が無効であることを示す数的データや出来事はたくさん存在する[42]。それらは、共和国の中立性という物語がナイーブさと冷笑的態度との間で揺れ動く一種の信仰、衒学的な教訓にまで仕立てあげられた一種の信仰にすぎないことを示している。ここで、いくつかの歴史的出来事について思い起こしてみる必要があるだろう。一八〇四年以降、民法では、女性を未成年者として、したがって、父親さらには夫の保護下にある者として扱い、女性は法的に無能力であると規定してきた。一九六五年七月一三日法によって夫婦財産制が改正されて、ようやくフランス人女性は固有の財産を自ら管理できるようになるとともに、夫が妻の就職に家族の利益の優先という名目で反対できなくなり、妻が自由に就職できるようになった。一九八五年一二月二三日法は、夫婦財産制における配偶者間の平等と未成年の子供の財産の管理における両親の平等を定めた。政治的市民権に関しては、「解放後のフランスにおける公的機関の組織に関する一九四四年四月二一日のオルドナンス（命令）」の第一七条によって、フランス人女性は初めて選挙権および被選挙権を獲得した[43]。このように、かつて女性は能動的市民権から排除されていたという事実は決して些細なことではない。こうした女性の排除は、平等と友愛の原則に矛盾せず論理的一貫性をもつものとして、合法化されていたのである。女性が平等原則の適用から除外されていたのは、女性が、兄弟たちの政治的ファミリーの一員として必要な資質を有する者として認められていなかったからである。

同様に、一七九三年一〇月三〇日、国民公会〔フランス革命時、立法議会の後を受けて一七九二〜九五年に開かれた議会〕での討論で、ジャン＝ピエール＝アンドレ・アマール議員は、女性の結社を禁止するデクレ（政令）の根拠として以下のように述べた。「男性は強く、男性だけが精神的に大きな緊張を強いるような深くかつ真摯な熟考に向いているのに対して、女性は一般的に、高度なことを考えたり真剣に熟考したりする能力がなく、したがって、公の問題を扱ううえでの精神的・身体的な力に欠けており、身体的な特徴のために興奮しやすく、それは政治的な観点からは有

(41) 〔訳注〕フランスでは平等政策について語るとき、一般に、「男女平等」ではなく「女男平等」という。二〇一四年八月四日には、女男平等を推進するための基本法として、「女性と男性の実質的平等のための法律」が成立している。

(42) 主要な出来事および統計資料については、次のサイトを参照。https://www.egalite-femmes-hommes.gouv.fr/publications/droits-des-femmes/egalite-entre-les-femmes-et-les-hommes/vers-legalite-reelle-entre-les-femmes-et-les-hommes-chiffres-cles-edition-2018

(43) Christine Bard et Anne-Sarah Bouglé-Moalic, *Le Vote des Françaises, cent ans de débat, 1848-1944*, Presses universitaires de Rennes, 2012.

害である」。〔これに対して〕ルイ＝ジョゼフ・シャルリエ議員は、女性の結社を禁止することの問題点を説明して、「考えることのできるすべての者に共通した権利」である「平和的に集会する権利」を女性から奪うことは、とりもなおさず女性が人類に属することに異を唱えることであると明言する〔しかし、女性の結社は禁止された〕。

　こうした（男性の）歴史において幅を利かせているのは、「誰」が政治的であり誰がそうではないのかを、つまり「誰」が自立し権力をもつ能力と正当性をもっているのかを決めることによって人間を分類するという、一部の者だけに与えられた権限および正当性である。

　ここで展望されるのは、不平等主義の遺産から平等主義の世界を構築しなければならないということである。こうして、私たちはあるジレンマにぶつかる。不平等の診断を下し、それを解消する措置を講じるためには、受け継がれてきた支配のカテゴリーを乗り越えることを目的としながらも、少なくとも最初は、そうしたカテゴリーを維持しなければならないからだ。〔私たちの〕「決断はまたしても、排除せずに決めること、別の名や別の概念を発明すること、これまでの政治的なものを変革するために絶えず介入を続けながらも、そのさらに先に向かうことにあるだろう」[44]。ここでジャック・デリダが示唆しているように、問題は、「平等に関するある種の解釈を、兄弟愛の男根ロゴス中心主義的な図式から逃れさせることで」[45]解放することにある。そのためには、「民主主義の根底にある、序列的な差異のない他者性を考える」[46]必要がある。

共和国のスローガンの最後の言葉、フラテルニテは、平等がまさに兄弟間の平等であり、こうした平等が歴史的、理論的、政治的に根深いものであることを具現している。こうした兄弟間の平等は、初めは明確に、その後は暗黙のうちに「平等な人たちの階級」から「兄弟ではない者たち」を排除した。「兄弟ではない者たち」とは、とりわけ非・男性である女性、そして「非・白人」と見なされるがゆえに人種化され差別された人々である。「フラテルニテ」という言葉が不平等かつ排除的な系譜として伴っているものを見ようとしないことは、女男平等および人種差別との闘いがフランス政治における重要課題、ひいては合意事項になっていると思われる時代においては、理屈に合わない。女性に対する

(44) Jacques Derrida, *Politiques de l'amitié*, Galilée, 1994, p. 183. ジャック・デリダ著、鵜飼哲・大西雅一郎・松葉祥一訳『友愛のポリティックス 1』、みすず書房、二〇〇三年、二四六頁。
(45) *Ibid.*, p. 259. 同『友愛のポリティックス 2』、六三頁。
(46) *Ibid.*, p. 259.『同書』、六三頁。

暴力撤廃の国際デーである二〇一七年一一月二五日に、女男平等をマクロン政権が向こう五年間〔フランス大統領の任期〕に取り組むべき国家的大義として宣言したことを思い起こそう。さらに、二〇一八年三月一九日、つまり人種差別撤廃の国際デーの二日前、エドゥアール・フィリップ首相から人種差別とユダヤ人排斥運動に対する闘いの国家計画（二〇一八〜二〇二〇年）が提示された。こうした発表は、反啓蒙主義の言うなりになっている世界を、平等と自由という基本的な権利と理性によって照らすことで、フランスが啓蒙の国としての偉大さを取り戻す道のりにあることを示す物語の一部となっている[47]。こうした発表が、「兄弟ではない者たち」への平等原則の適用に関して、共和主義と人権（男性の権利）という伝統がはらんでいる両義性について深く考えることを阻害するようなことがあってはならないだろう。

連帯に対抗するフラテルニテ

「すでに在るこの世界の只中で、自由の時代を勝利させるかどうかは人間《オム》／男性《オム》しだいである。この至高の勝利を得るためには、男と女が、その自然の分化を越えて、友好関係〔フラテルニテ〕をはっきりと肯定することが何よりも必要である[48]」。

『第二の性』を締めくくるこのフレーズによって、シモーヌ・ド・ボーヴォワールは、少なくとも二つのパラドックスを引き起している。一つは、最も重要な自由への展望が、「オム homme」という多義的な言葉――総称的な意味で人間を指すと同時に男性的という意味での男性を指す――の使用とともに、人間の自然や条件とのつながりにおいて考えられていることだ。ボーヴォワールは、一方で、この自由の探求のきわめて社会的で、根強く、構築された特徴を明確に述べているとしても、男／女というカテゴリーは「自然の分化」に結びつけられている。もう一つのパラドックスは、互いに兄弟[49]として認め合うことが、平等と自由という二つの基本的な原則の間の緊張関係を解決するうえで必要なことと

---

(47) 特に二〇一八年四月二二日、エマニュエル・マクロンがドナルド・トランプと会うためにアメリカを公式訪問した前夜、FOXニュース〔アメリカのニュース専門放送局〕が放送したインタビューで、マクロンは「我々が大切にしている価値、とりわけ自由と平和を基盤とした」仏米両国の長い歴史により、両者は「非常に特別な関係」を結んでいると明言している。彼はまた、二〇一六年に、当時、大統領選の候補者だったドナルド・トランプも用いたアメリカの有名なスローガン「我々はアメリカを」経済においても文化においても「再び大国にするだろう」を引き合いに出して、「我々はフランスを再び大国にするだろう」と断言している。

(48) Simone de Beauvoir, *Le Deuxième Sexe II*, Gallimard, 1987 [1949], p. 663. シモーヌ・ド・ボーヴォワール著、中嶋公子・加藤康子監訳『決定版 第二の性 II 体験』、新潮社、一九九七年、六二二頁。

して述べられていることだ。アンリ・ベルグソンもまた、フラテルニテ（兄弟愛）に、彼が「反目し合う姉妹」[50]と形容している自由と平等〔フランス語では自由も平等もどちらも女性名詞〕の間の矛盾を取り除くための「きわめて重要な」役割を与えている。ボーヴォワールとベルグソンに従うならば、フラテルニテ（兄弟愛）は平等と自由の後にやってくるかすかな希望などではなく、平等と自由の条件であり、結果である。フラテルニテ（兄弟愛）は、共和国のスローガンの脆弱な一つの歯車ではなく、むしろ強い切り札であり、一人ひとり独特で異なる個人の自由への渇望と、平等への政治的な展望とに折り合いをつけるための希望である。このように、フラテルニテ（兄弟愛）は、平穏で尊敬に満ちた「自然な」認め合いを保証するものとして理想化された家族間の絆とのアナロジーにおいて、平和で連帯した共同体に関わるものといえよう。したがって、スローガンの最後の言葉がソロリテ（姉妹愛）ではなくフラテルニテ（兄弟愛）であるということは、決して中立的でもなければ付随的でもない。これは、フェミニスト的考察の中心をなす名著、『第二の性』においてさえもいえることなのだ。

二一世紀初頭のいま、自由、平等、友愛《フラテルニテ》の間の関連／緊張関係はどんな状況にあるのだろうか？　差異を超えて政治的なつながりをもっているものを表現するために「フラテルニテ」という言葉を使うことは、かつてもいまも変わっていない。この言葉が排除をもたらすという理由でこの言葉を問い直すのではなく、むしろ、古典的な、地理的そしてアイデンティティ的な境界を超えて包摂を意味する言葉としてとらえることが、進歩主義的な姿勢であるようだ。

この言葉はとりわけ、人間関係に連帯や世界市民《コスモポリタン》(51)という概念が必要になるときに引き合いに出される。『勇気をもってフラテルニテを！　移民とともにある作家たち(52)』という本がその一例だ。作家、知識人、芸術家たちの文章やデッサンを集めたこの本は、移民たちとの連帯のもとに出版されたが、「連帯」という言葉を使わず、フラテルニテが用いられ

(49) [訳注] 右の『第二の性』からの引用文中の「フラテルニテ« fraternité »」は、「男と女が、その自然の分化を越えて」とあることからも、「友愛」の意味に解せるが、著者は、ここでことさら「兄弟« frères »」という語を用いて、「兄弟愛」の意味に解している。

(50) Henri Bergson, *Les Deux Sources de la morale et de la religion*, Genève, Albert Skira, 1945, p. 270. アンリ・ベルグソン著、平山高次訳『道徳と宗教の二源泉』、岩波文庫、一九五八年。

(51) 世界市民主義《コスモポリタニズム》については、次の文献を参照。Alain Policar, *Comment peut-on être cosmopolite ?*, Le Bord de l'eau, 2018.

(52) Patrick Chamoiseau, Michel Le Bris (coord.), *Osons la fraternité ! Les écrivains aux côtés des migrants*, Philippe Rey, 2018.

ていることは意味深い。というのもフラテルニテは、フランスでは、市民の共同体がそのメンバーを同じ家族として認め合うような共和主義という意味を暗に示す言葉だからである。この観点から、〔後述の憲法院の決定により〕連帯罪(53)はフラテルニテの権利として肯定的に言い換えられる。二〇一八年七月九日、クリューズ県のフォー＝ラ＝モンターニュ村の（四一三人のうち）二〇〇人の住民たちが結集し、村民の一人が家に泊めていた二一歳のスーダン人男性がヨーロッパで最初に入国した国であるイタリアに向けて強制退去させられるのを阻止するために勇敢にも憲兵に立ち向かったのも、まさにこのフラテルニテの権利の名のもとにである。こうした動員の結果、県庁は彼の保護要求の申請書を受理した。さらに、同じ村の男女一〇〇人が、四人のスーダン人亡命者の正規移民化を求める請願書に署名した。住民たちは、村役場で、こうした連帯のための抵抗を説明するために記者会見を行ったが、この記者会見に「フラテルニテのFのリストに載った人たち(54)」というタイトルがつけられていたことは意義深い。ここでのフラテルニテは、平等ではない女性／男性を平等な女性／男性として認めることに明確に結びつけられている。というのも、言うまでもなく、彼らは平等な者と同じ権利をもたず、政治共同体からはアウトサイダーと見なされているからである。同じように、二〇一七年四月一一日に「ＳＯＳラシスム」〔一九八四年にフランスで設立された人種差別や反ユダヤ主義に対して闘う市民団体〕が、「極右によって提示されたフランスのヴィジョンに対抗するために若者層を動員することを目的に」大統領選挙の第一回投票を前に始めたキャンペーン＃OnEstPareil〔私たちはみな同じ〕は、「フラテルニテ、反人種差別、ライシテ〔非宗教、政教分離の原則〕の、開かれた社会モデル」[55]を掲げた。

　移民のフランスへの入国を手助けしたとして有罪判決を受けた農業従事者のセドリック・エルーによる問題提起もまた、フラテルニテの原則の名のもとに行われたものである。彼は、〔移民の不法滞在を助ける行為がもっぱら人道的で利益を伴わない場合は罪にならないとした〕二〇一二年一二月三一日法に基づいて、既存の「外国人の入国・滞在および保護の権利に関する法典（CESEDA）」の合憲性を問うという非常に重要な問題を投げかけたのだ。審議を付託された憲法院は、二〇一八年七月六日の決定によって、フラテルニテを憲法に則った原則であると認め、この原則は「フランス領土において、当事者のフランス国

（53）〔訳注〕Délit de solidarité. 連帯罪についての法的規定はなかったが、たとえ人道的な立場からであっても、市民団体や個人が移民への連帯を理由に不法滞在を助ける行為は訴追される危険があるとされていた。

（54）https://telemillevaches.net/videos/fiche-es-f-comme-fraternite

（55）https://sos-racisme.org/lancement-de-la-campagne-onestpareil

内滞在が合法か非合法かを問わず、人道的な目的のもとに他者を援助する自由」(56)を保障するとした。このように、憲法院は、外国人の移動の援助も、滞在の援助と同じ名目で、法令に規定されている免除事項に含まれると見なした。ただし、憲法院は、外国人の入国の援助については、たとえいかなる営利目的ももたず、純粋に人道的な配慮から行われた場合であったとしても、法令によって規定された免除事項の対象にはならないとした。そうすることで、「憲法に則った目標である公的秩序を守るための一環として、不法移民に対して闘う」という公の目標に応えようとしたのである。このように、フラテルニテは、公的秩序を揺るがせたり国民間の安定(一体性)を崩したりしない限り、地理的境界や法的身分を曖昧にしない限り、憲法に則ったものとして認められている。この二〇一八年七月六日の決定は二〇一八年九月一〇日の移民保護法に転記され、同法令は、外国人の移動や不法滞在の援助は、「直接的あるいは間接的ないかなる代価も支払われることなく、法的、言語的あるいは社会的な助言や支援、もしくはもっぱら人道的な目的における何らかの援助を提供することからなる」場合には、刑事告訴の対象とならないと明記する。こうして、セドリック・エルーともう一人の活動家がロヤ河流域で移民たちを助けたとして控訴されていた件は、二〇一八年一二月一二日、破棄院によって破棄された。これは、「フランスの法律でフラテルニテの原則が正式に認められて以来、最初の決定」[57]であると考えることができる。

パリ・エスト・クレテイユ大学の公法の教授で、フランス憲法学会の会長でもあるアンヌ・ルヴァドの考えによれば、二〇一八年七月六日の決定は「法律解釈の幅を問い直すものではまったくない。せいぜいが、そして当然喜ぶべきことだが、この決定は、一部の者たちが望んでいるように憲法のなかのフラテルニテという言葉を、パリテを理由に、『アデルフィテ』というありえないような言葉に置き換えることをより難しくするだけだろう」[58]。ここでルヴァドが言及しているのは、私が報告者を務め、二〇一八年四月に提出した女男平等高等評議会（HCEfh）[59]の意見書『女男平等を保障する憲法改正にむけて』[60]についてである。二〇一七年に出版された、私の著書『平等の国の兄弟ではない者たち』でも、

（56） Décision n° 2018-717/718 QPC du 6 juillet 2018 : www.conseil-constitutionnel. fr/decision/2018/2018717_718QPC.htm

（57） « La condamnation de Cédric Herrou pour aide aux migrants annulée par la Cour de cassation », Huffington Post, 12 décembre 2018.

（58） Anne Levade, « La Fraternité, nouveau principe constitutionnel ! », L'Express, 6 juillet 2018 : https://www.lexpress.fr/actualite/politique/la-fraternite-nouveau-principe-onstitutionnel_2023890.html

フラテルニテを、性別に関係なく同じ母親から生まれた子供を指すギリシャ語に由来する「アデルフィテ」、あるいは「連帯（ソリダリテ）」と置き換えることで、フランス共和国のスローガンの最後の言葉によって規定されるのは政治的に「誰」なのか〔自由や平等が適用されるのは誰なのか〕をより明確にすることを促して締めくくっている。私は、連帯という言葉のほうが、家族のアナロジーから、さらにはこうしたアナロジーがもたらす遺伝的に受け継がれた類似性——想像上の類似性ではない——と結びつけられた身内への愛着といったものから脱することができるという点で、好ましいと考えている。

国境を越えた連帯を正当化するために、合意に基づくものであれ戦略的なものであれ、フラテルニテという言葉を使用することは、それ自体が、矛盾をはらんでいる。なぜなら、歴史的に見ると、平等および自由の原則は、「兄弟たち」のために、また「兄弟たち」の間でだけ正当であると考えられてきたからだ。実際、兄弟とはまず何よりも、互いに平等であることと一人ひとりが特異で異なる存在であることとは矛盾することでもなければ不安定な要素でもないと見なされるインサイダー集団として定義されている。

非・混在[61]の空間——どこが恥知らずなのか？

移民への連帯による市民の不服従の正当性に関する論争と同様に、政治的な非・混在に関する議論もまた、平等と自由の原則を適用するための手段の選択とその妥当性についての問題を提起する。こうした論争は私たちに、「誰」が「何」から解放されるのかという問いに向き合うことなしには、「どのように」という問いには取り組めないことを教えてくれる。

たとえば、二〇一七年七月二八日から三〇日までパリで開催された「ニアンサポ

---

(59)［訳注］女男平等高等評議会は、二〇一三年一月三日のデクレによって定められたフランスの女男平等政策推進のための監視・諮問機関で、従来のパリテ監視委員会、女性への暴力に対する全国委員会、メディアにおける女性のイメージに関する委員会に代わるものである。メンバーは七三名で、担当大臣の提案により、首相が任命する。詳しくは、井上たか子「フランスの女男平等政策推進機構」、『フランス文化研究』第四七号、獨協大学外国語学部、二〇一六年を参照。

(60) Haut Conseil à l'Égalité femmes-hommes, « Pour une Constitution garante de l'égalité femmes-hommes », avril 2018 : http://www.haut-conseil-egalite.gouv.fr/parite/actualites/article/revision-constitutionnelle-le-hce-appelle-a-faire-de-la-constitution-un-texte

(61)［訳注］「非・混在の（non mixte）」は、性や人種、国籍、文化圏などの異なる人々が混在することを意味する形容詞 mixte の反対語。名詞形は、non-mixité ←→ mixité.

（Nyansapo）」〔アフリカの地域言語で、知恵の結び目という意味〕という名のアフリカン・フェミニズム・フェスティバルで、非・混在のイベントやパフォーマンスが引き起こした激しい論争は、解放の方法についての問題、どういう方法は正当性があり受け入れられるのか、どういう方法はそうではないと見なされるのかという問題を提起した。すべての人に開かれた空間とは別に、人種および／あるいは性別（黒人女性、黒人、あるいは人種化された女性）といった基準で、議論のための非・混在の空間を設けたことが、不可分性、ライシテ、平等といった共和国の原則と矛盾するのではないかと糾弾されたのだ。こうした批判は、右派のナショナリストからだけでなく、人種差別主義と闘う公的機関や市民団体からも発せられたことから、その図式は複雑な様相を呈した。国民戦線（現在の国民連合）が配信した極右サイト« fdesouche »〔生粋のフランス人の意〕がこの「白人禁止」のフェスティバルを激しく非難した一方で、「人種差別・反ユダヤ主義・ＬＧＢＴヘイトと闘う省庁間委員会（Dilcrah）」およびパリ市長は、非・混在の討論会の開催を差別的であると決めつけた。人種差別と闘う市民団体の一つである、「人種差別と反ユダヤ主義に反対する国際同盟（Licra）」は、この非・混在のフェスティバルを「人種差別的な闘争であり、自分たちのアイデンティティに閉じこもるための逃げ道《アリバイ》になっている」と糾弾し、「ＳＯＳラシスム」も、「このフェスティバルは、嫌悪すべきものとは言わないまでも、一つの誤りである。というのも、反人種差別はポスト人種〔人種の概念から脱却すること〕を目標とする運動であるのに、民族的《エスニック》な分離をして得々としているからだ」と糾弾している。こうした反応は、差別する側に非があるとせずに、差別されている人たちに向かって節度のある正当な解放手段はどうあるべきかをお説教するという無分別を露わにしている。こうした反応は、いくつもの思考の限界点を示すものである。一方で、非・混在の討論空間を設けることが必要なのは平等が存在していないことを告げているのであり、その失敗は不平等を被っている人たちに帰されるべきではない、ということがわかっていない。責任を負うべきなのは、宣言された理想のレベルにまったく達していない政治体制のほうである。ここで、明らかに問題なのは、共和主義と政治的リベラリズムの間にあるフランス政治のソフトウェアにおいては、多元主義が危険なものであるとか、対立を引き起こす原因になるとか考えるのは難しいということだ。多元主義は、模範的なものとして物語化されていて、批判するのが難しくなっている。

コンセンサスの理想は、とりわけ、民主主義に関するジョン・ロールズのアプローチによってもたらされているが、それによれば民主主義の正当性は、「それぞれの市民に対して、各人が支持する政治的な決定を公的に正当化するためには、それらの決定が他の良識ある市民にも納得してもらえると良識をもって考えうる理由のみを主張することが求められる」[62]という「公共的理性」に基づいている。平等をもたらすための手段として非・混在の空間を用いることが妥当かどうかという議論は、良識的であるというコンセンサスもなければ、簡単に議論することもできないが、私たちがまさしく現在、直面しているのはそうしたテーマである。他方で、人種的非・混在の空間を人種差別的であると称して、そうした空間を設けることに反対するさまざまな反応は、不平等なシステムとしての人種差別の問題を脱政治化するものである。非・混在空間を反共和主義的であると告発することは、支配関係を隠蔽し[63]、責任の所在を逆転させることに加担している。

人種化され差別された人々が自由な政治的言語を構築するという目的のもとに信頼し合える空間をつくりだすとしたら、それは支配と差別のシステムへの答えとしてであって、理想的な共和主義システムに対する挑発的な違反によるものではない。たとえば、このフェスティバルの主催者で、「黒人あるいは黒人との混血の、女性や女性に振り分けられた人」たちの非・混在集団「ムワジ（Mwasi）〔コンゴ語で女性の意味〕」[64]は、非・混在は「当事者たちが互いに意見交換したり、共に闘ったりすることを可能にするための政治的選択だ」と明言している。彼女たちはさらにこう説明する。「私たちは他の人種グループに対抗しているわけではない。私たちは黒人嫌悪と女性蔑視について、当事者たちのために、そして当事者たちによって意見交換をしている。私たちが快適に生きることとそのための私たちの闘いは、あなたの野次馬的好奇心よりはるかに重要なのだ」。

政治的責任者、公的機関の責任者、あるいは市民団体の責任者たちの反応は、〔被支配者という意味における〕「他者」を自立した責任能力のある成人として見なすことを拒否する社会のタブーを露呈している。被支配者たちがあらゆる監視や視線から逃れて結集できるという事実は、危険と無秩序を引き起こす挑戦であると見なされるのだ。こうした悪意ある反応は、従属的社会集団《サバルタン》〔社会的、政治的、地理的に疎外された人々をさす語〕の自己防衛のための選択がすぐに恥知らずで脅迫的な暴力として烙印をおされ、糾弾されるという点において、従属的社会集団《サバルタン》の組織的「武装解除」に加担するものである(65)。ここでは、〔民族差別を批判するものであるは

（62） Charles Girard, « Raison publique rawlsienne et démocratie délibérative. Deux conceptions inconciliables de la légitimité politique ? », *Raisons politiques*, vol. 34, no 2, 2009, p. 75.

（63） Olga Nadezhna Vanegas. « La raison publique : un consensus qui cache une forme de domination », *Encyclo. Revue de l'École doctorale* ED 382, Université Sorbonne Paris Cité, 2013, p. 175-183.

（64） https://mwasicollectif.com/faq

（65） Elsa Dorlin, *Se défendre. Une philosophie de la violence*, La Découverte, 2017.

ずの」ポストコロニアリズムの伝統が、人種化され差別された女性たちが自由になるためにとった手段の正当性を批判するという形であらわれている。こうした批判をどう理解すればよいのだろうか？　政治的非・混在は、当事者たちにしてみれば、後見から逃れるための、つまりは自分を取り戻すための一時的あるいはその場限りの道具として考え、用いているのである。

社会の中で生きるとは、強制された枠組みの中で、枚数に違いはあれ、手中にある、あるいは（近親者や知人と組んで）手の届くところにあるカードや切り札を使って生きていくことである。その枠組みに甘んじないためには、ゲームのルールを知ると同時に、ルールを解釈し、自らがゲームの主役になるための手段をもたなければならない。

ゲームのメタファーを続けるなら、非・混在空間についてなされた批判は、カードの配り方にいんちきがあったことに気づいたため、そんな条件でプレーするのはやめたいと思うプレーヤーに対して、「そっちのほうがいんちきだ」と非難するようなものだ。こうした批判が語っているのは、どんなにオープンマインドの審判でも、過去のカード分配に反対したり、過去のカード分配から現在進行中のゲームへの影響を引き出したりするのは、とりわけプレーヤー間の力関係、さらにはプレーヤーと審判の間の力関係という点から見て、難しいということである。こうした論争は、哲学者のナンシー・フレイザーが明確に述べているように、以下の点において正義の問題を提起する。つまり、平等とは、誰もがゲームに参加できるという事実（再配分の経済的次元）[66]にとどまるものではなく、すべてのプレーヤーが同じルールにしたがって判定されること（承認の文化的次元）、さらには彼女ら／彼らがこうしたルールの改訂に参加できること（代表性の政治的次元）を前提とすべきなのである。ナンシー・フレイザーは、ユルゲン・ハーバーマスが社会運動の分析の中で行った「文化的分離主義」についての批判に含みをもたせて、分離主義を平等に向かう一つのステップとして再評価する。「文化的分離主義は、長期的に見れば政治的戦略として不適切であるとはいえ、多くのケースにおいて短期的には、女性が身体的、精神的、心理的に生き残るために必要なものである。事実、分離主義的な共同体は、女性の経験についての数多くの再解釈の源泉になっており、そうした再解釈は、解釈とコミュニケーションの手段についての異議申し立てにおいて政治的に実り多いものであることが明らかになっている」[67]。分離主義的闘争は、マイノリティとされる人々の社会的アイデンティティ

(66) Nancy Fraser, *Le Féminisme en mouvements. Des années 1960 à l'ère néo-libérale*, La Découverte, 2012.

に適用される新たな意味を生じさせるものであり、「普遍主義的な理想に対する個別主義的な後退として遠ざけるわけにはいかない」。こうしてナンシー・フレイザーは次のように結論する。「それらの闘いは、必ずしも、それらの闘いが取って代わろうとしている性差別主義的かつ男性中心主義的な規範や意味づけよりも排他的であるとはいえない」(68)。

法的な隔離ではない場合、つまり、非・混在が強制されたものではなく、選択されうるものである場合には、そして、もっぱらそういう状況においてだけ、政治的非・混在は解放の道具となることができる。ただし、あくまで道具であって、目的ではない。それは、混合状態が不平等な共存と同義ではないような社会に向かうという目的に貢献する手段である。一九七〇年代、女性解放運動(MLF)の活動家たちが、支配者である男性の主導権——意識的なものにしろ無意識のものにしろ——が及ばない場所で自由かつ自立した言葉を発することができるようにする手段として、非・混在という考え方を主張したことを思い出そう。(69) 二〇〇四年の『ル・モンド・ディプロマティーク』の発行五〇周年記念集会でのスピーチで、社会学者のクリスティーヌ・デルフィは、望まれる非・混在と押しつけられる非・混在との区別について、こう語っている。「抑圧された者たちは、抑圧との闘いの指揮を執らねばならないだけでなく、その前にまず、その抑圧を自分たちで定義しなければならない。だから、望まれる非・混在、つまり政治的な非・混在は今後もあらゆる闘いの実践の基盤であり続けなければならない。そうでなければ、混在での闘い——というのも、そうした時は来るし、来なければならない——は支配の穏やかな継続へと逸脱してしまう危険があるだろう」。目的は、権力の相互性という戦略において、「支配者と被支配者が用いることのできる可能性《リソース》の平等化(70)」に貢献することである。要は「恣意的な干渉や支配(71)」を抑制することである。これは、経済的支配が問題になるときには当然だと見な

(67) *Ibid.*, « Qu'y a-t-il de critique dans la Théorie critique ? Le cas de Habermas et du genre », p. 70.

(68) *Ibid.*, p. 71.

(69) ［訳注］非・混在の必要性については、特に、クリスティーヌ・デルフィが一九七七年の論文「私たちの友人と私たち」（井上たか子・加藤康子・杉藤雅子訳『なにが女性の主要な敵なのか』、勁草書房、一九九六年所収）において、非常に明快に論証している。

(70) Philip Pettit, *Républicanisme, une théorie de la liberté et du gouvernement*, Gallimard, 2004, p. 96. Jean-Fabien Spitz, *Philip Pettit. Le républicanisme*, Michalon, 2010, p. 85 :「共和主義の政治哲学は、重みの異なる二つの明確な要求の間の均衡を模索する。一つは、非・支配という絶対的な理想の障害となるものを排除することであり、これは集団的権力の非・恣意的で適切な干渉によってしか可能ではない。もう一つは、支配の不在という意味での自由の時代を最大限に評価することであり、これは国家の介入を理想そのものの保証と両立しうるぎりぎりのところまで抑制することを前提としている。」

されている。たとえば、経営者を従業員の会合に呼ばない、特に労働組合の会合に呼ばないことは、イデオロギー的に同じ立場の従業員どうしで自分たちに固有の利益や要求を明確にし経営者との意見交換を準備するために、必要で理にかなった前提条件であると考えられている。

とりわけ一九六〇年代にフェミニストたちによって実践されていた性別の非・混在は、たとえそれが物議をかもしたことはあったにしても、今日では、反人種主義の闘いの枠組みの中で考えられるものと比べれば、それほどルール違反だとも恥知らずだとも見なされていないことも意味深い。性別の非・混在は、不平等の影響を直接被っていない人/男性が同席することで、不平等を被っている第一の当事者たちの言葉の解放に(自己規制やマイクロアグレッション〔何気ない日常の言動に現われる無意識の偏見や差別によって相手を傷つけてしまうような見下しや侮辱のこと〕による)バイアスをかけてしまわないようにするための道具として、人種的非・混在よりも理解されやすいと思われる。このように、性別の非・混在は、男女間の戦争や男性嫌悪を表したものとは考えられず、女性が社会的にマイノリティであるという状況において、女性の自己決定と言葉の解放の一段階として考えられている。

多くの研究が、科学的アプローチや活動家のアンガージュマンにおいて、それぞれの観点が位置づけられる次元を考慮に入れることの重要性について論じている（スタンディング・ポイント・セオリー）[72]。つまり、「誰が語り、誰が分析し、誰が告発し、行動しているのか？」という問いは、「誰が分析され、どんな支配が糾弾されているのか？」という問いと関連づけられるべきである。第一の当事者たちの言葉に与えられる位置について、さらにそこに働いている不平等やアイデンティティの指定について問い直すことが重要である。人は潜在的に差別の原因となりうる複数のアイデンティティの交差《インターセクション》点[73]に存在しているという事実は、とりわけ性別、「人種」、そして社会階級といった社会的関係に照らして、差別の基準がどのように関連し合っているのかという問題を提示する[74]。したがって、たとえば、障がいをもち、イスラム教徒でレズビアンの女性は、その時の状況に応じて、異なった、しかも矛盾をはらんだステレオタイプの絡み合いのなかで判断され、差別されるだ

（71） Philip Pettit, *op. cit.*

（72） 以下を参照。Donna Harraway, « Situated Knowledges : The Science Question in Feminism and the Privilege of Partial Perspective », *Feminist Studies*, vol. 14, n° 3, automne 1988, p. 575-599 ; Flores Espínola Artemisa, « Subjectivité et connaissance : réflexions sur les épistémologies du ‘point de vue’ », *Cahiers du Genre*, 2012/2 n° 53, p. 99-120 ; Christian Larivée, « Le standpoint theory : en faveur d'une nouvelle méthode épistémologique », *Ithaque*, 13, 2013, p. 127-149.

ろう。

このように、「解放されることはどのように正当化されるのか?」という問いは、「誰がその解放に参加できるのか?」という問いに結びついている。すでに述べたとおり、非・混在の空間を設けることは、これまで引き継がれてきた支配を乗り越えるための過程における一つのステップである。その目標は、不平等なシステムを解体し、私たちの個々のアイデンティティや利益を超えた平等な混在を実現することにある。

したがって、男性がフェミニズムの闘いに参加したり、「白人」が人種差別の闘いに参加したりすることは、自分が不平等を体験しているわけではなく、さらには不平等から恩恵さえ受けているのだから、その代償として、謙虚でなければならない――第一の当事者たちの言葉を奪い取ったり、またもや支配したりすることがないように、必要な謙虚さをもたなければならない――ということを自覚しているという条件においてのみ、公正で筋の通ったものになる。逆に、解放とは、さまざまな支配、とりわけ性別による支配、社会的支配、あるいは人種による支配の一つあるいはいくつかを被っている女性および男性が、自分たちに課せられている「馬鹿げた謙虚さから抜け出す」(75)ことである。また、性別によるアイデンティティ、社会的アイデンティティ、あるいは人種化によるアイデンティティの一つあるいはいくつかの基準から見て支配者側にいる女性および男性たちに関して言えば、自分を高みに置き、ひいては説教する側に身を置いて、解放とは「どのように」なさ

（73） Éric Fassin (dir.), « Les langages de l'intersectionnalité », *Raisons politiques*, 2015/2, n° 58 ; Sirma Bilge, « Théorisations féministes de l'intersectionnalité », *Diogène*, 225, 2009, p. 70-88 ; Alexandre Jaunait, Sébastien Chauvin, « Repenser l'intersection : les théories de l'intersectionnalité à l'épreuve des sciences sociales », *Revue française de science politique*, 62 (1), 2012.
[訳注] 人は、ジェンダー、性的志向、国籍、人種、民族、階級など複数のアイデンティティによって形成されている。したがって、それらのアイデンティティに基づく差別もそれぞれ別個のものではなく、相互に作用しあっている。「インターセクショナリティ（交差性）」という用語は、こうした現象を説明するもので、差別の研究には欠かせない観点である。キンバリー・クレンショーが一九八九年に発表した論文「人種と性の交差点を脱周縁化する――反差別の教義、フェミニスト理論、反人種差別主義政治に対するブラック・フェミニスト批評」の影響によって一般化した。

（74） Elsa Dorlin (dir.), *Sexe, race, classe. Pour une épistémologie de la domination*, PUF, 2009 ; Xavier Dunezat, Roland Pfefferkorn (dir.), « Articuler les rapports sociaux : classes, sexes, races », *Raison présente*, 178, second semestre 2011.

（75） Marivaux, *L'Île des esclaves suivie de La Colonie*, Pocket, 2004 (1750), p. 92.
[訳注] マリヴォー（一六八八―一七六三）の『植民地』に登場する平民のソルバン夫人の台詞。『植民地』は、ある島を舞台とする一幕一八場の喜劇で、男性の支配を打ち破ろうと最初は協力していた女性たちだが、貴族女性が庶民との身分差を無くすことに同意できず、また島に新たにやってきた集団との戦争に女性が参加せず、男性に依存してしまう。かくして、男女の争いは終わりをつげる。

れるべきかという問題に手をつけるという誘惑——それは多くの場合、無意識で、好意的で、後ろめたさをともなわない——に屈することがないように気をつけなければならない。そうでない場合、彼女たちおよび彼らは、平等の名において、不平等な秩序に加担することになる。マリヴォーの『植民地』を締めくくる台詞は、この誘惑、この油断ならない罠を表している。男性貴族のティマジェーヌは、男性の権力に対抗して反乱を起こすために一度は団結していた貴族と平民の女性たちに向かってこう言う。「この件が落着して祝着に存じます。ご安心ください、ご婦人方。戦争から逃れた安全な場所にどうぞいらしてくださいい。これから作成する慣例においては、私たちがあなた方の権利を配慮いたしましょう」(76)。

（76） *Ibid.*

第2章　平等対自由

哲学者のパトリック・サヴィダンは、不平等に加担していながらより不平等でない社会を望むというパラドックスを、部分的な否定を表明する個人主義的な判断と結びつけている。この否定を「部分的」と言うのは、「問題全体を完全に否定するのではなく、問題を解決するために取るべき手段の範囲や徹底性を否定しているという意味において」[77]である。サヴィダンによれば、現代の状況の複雑さは、社会が不安定で安全ではないという感覚のせいで、連帯が選択的かつ限定的なものになっているという事実によるものである。彼は、平等原則の適用を蔑《ないがし》ろにして自分の利益や身近な人の利益を優先する個人主義的な傾向を改善するためには、「不確実性の原因となる状態、すなわち、協力に水を差し、協力ど

(77) Patrick Savidan, *Voulons-nous vraiment l'égalité ?*, Albin Michel, 2015, p. 334.

ころか逆に最も激しい競争を助長するような状態に働きかけること」[78]が必要だと考える。こうした働きかけこそが、社会的ゲームから敗退することを望まないのなら「彼ら」と「私たち」の間の競争に賭けるべきだという集団的あるいは個人的な信念から自由になるための手段である。それはまた、不平等が公的な問題となり、不平等と不平等の競争に帰着してしまうような内輪だけの連帯にならないための条件でもある。そうでなければ、個人の自由は、内輪のフラテルニテにおいてだけの自由にとどまり、平等原則の流れに逆らうものとして働き続けるだろう。

#MeTooと#BalanceTonPorc〔お前の豚を告発せよ／叩きのめせ〕――被害を受けた「私」が、連帯する「私たち」／「あなたたち」になるとき

二〇一七年一〇月、アメリカの映画プロデューサー、ハーヴェイ・ワインスタインに対する、性的攻撃および強姦の告発がなされたことに続いて、世界中に広まった#MeTooとそのフランス版の#BalanceTonPorcの呼びかけの下で、ＳＮＳ上の数多くの証言によって、女性への性暴力に関する沈黙の掟が覆された。これら二つのハッシュタグによる運動は、互いに結びつき、補完的でもある。#MeTooは、性暴力の経験が個人的であると同

時に女性たちに共通のものでもあるという政治的な次元をより明確に示しており、一方の#BalanceTonPorc は、こうした暴力の行為者にこそ罪と責任があると告発している。暴力を受けた女性たちの集団に加わることは、自らを「被害者」扱いすることではなく、支配システムとそうしたシステムがもたらしている影響を告発することである。重要なのは、これらの暴力行為を行った張本人だけでなく、その背後に存在する支配社会を「告発し／叩きのめし」、平等な社会をつくりだすために必要な変化とは何かを問うことだ。それぞれの事例の個別性を超えて、こうした証言を共有することによってはじめて、不幸な状況の中でのソロリテの誕生や、支配の生政治《バイオポリティックス》(79)に対する集団的告発が可能になる。目下の政治的課題に意識的な男性たちの中には、論説を書いて、自分たちの連帯と支持を表明す

---

(78) Patrick Savidan, « Pourquoi fait-on si peu ? », dans Louis Maurin, Nina Schmidt (dir.), *Que faire contre les inégalités ? 30 experts s'engagent*, Éditions de l'Observatoire des inégalités, 2016, p. 12.

(79) [訳注] ミシェル・フーコーが『監獄の誕生』の中で提示した支配の概念。現代社会における支配は、たとえば政府が国民を支配する際に、単に法制度等を課すだけではなく、監視されているという思いを人々の内面にまで植え込むようになっている。パノプティコン（一望監視施設）と呼ばれる刑務所の例がよく使われるが、権力のまなざしの内面化という意味では、「忖度」や「自己検閲」のメカニズムにも通じている。

る者もいた。例として、当時『ヌーヴォー・マガジン・リテレール』の編集長だったラファエル・グルックスマンや、（アメリカでワインスタインによって配給された）映画『アーティスト』の監督、ミシェル・アザナヴィシウス[80]による #WeToo の形をとった論説が挙げられるが、男性たちは他にもさまざまなかたちで結集した。女性に向けられた暴力を当たり前のこととしないためには、男性たちを巻き込む必要があることは言うまでもない。ただし、男性を巻き込むのは、ややもすれば恩着せがましい好意の混じったパターナリズム〔父親的温情主義〕や「フラテルナリスム」[81]〔兄貴ぶった温情主義〕が刻み込まれたマンスプレイニング的な〔男性が、女性を見下す偉そうな態度で解説すること〕支配の言動や行動を続けさせないという条件においてのみ有効である。#NotAllMen〔男がすべてそうではない〕や、政治アナリストで、「共和国の春」運動を先導したことでも有名なローラン・ブーヴェが「豚のように振る舞わない男性たちを引き立たせる」ために始めた #mecssupercool〔超クールな男たち〕などのハッシュタグのもとに集まった人々の反応について言えば、それらは性的暴力および性差別的暴力の政治的な次元を否定すると同時に、そうした暴力を問いただすこと自体を否定するという、二つの否定に加担している。#BalanceTonPorc と #BalanceTonJuif〔お前のユダヤ人を叩きのめせ〕を結びつけて、こうした運動は危険な密告であるとする彼らの批判は、責任を否定して転嫁させたいという気持ちがいまだに強いことを示している。

ソーシャルネットワーク上で集められた証言は、「私」という領域での個人としての体験の特殊性と、連帯した「私たち」や「あなたたち」という領域での体験がもつ集団的および政治的な次元との相乗作用ともいえる力を発揮しつつある。ここでは、女性の身体の支配や女性の身体の性的対象化《セクシャリゼーション》は、社会のあらゆる領域やあらゆる階層に関係する一つのシステムの表れであり道具であるとして糾弾されている。この論争がハリウッド・スターたちが受けたハラスメントや性的攻撃や強姦の告発から始まったという事実は、こうした暴力の組織的かつ体系的な重大さを明らかにしている。というのも、あらゆる種類の資産に恵まれた、力のある女性たちでさえ、声をあげ、自らの権利を行使する手段をもっていなかったのだとしたら、より弱い立場の女性たちについては言うまでもないからだ。アメリカ合衆国では、二〇一八年一月一日に、特に職場でのハラスメントの被害者を支援するための「タイムズアップ基金」が立ち上げられた。これに対してフランスでは、二〇一八

(80) Raphaël Glucksmann, Michel Hazanavicius, « Nous aussi nous voulons l'égalité, WeToo », *Le Nouveau Magazine littéraire*, 2 mai 2018.
(81) Aimé Césaire, *Letre à Maurice Thorez*, 24 octobre 1956.

年一月九日付『ル・モンド』紙に掲載された、カトリーヌ・ドヌーヴ、ブリジット・ラーエ〔ラジオ司会者〕、カトリーヌ・ミレー〔作家〕、ペギー・サストル〔ジャーナリスト〕をはじめとする一〇〇名の女性による「つきまとう自由」[82]を擁護する公開書簡がメディアを賑わせた。この書簡に対する多くの反応は、以下のことを示している。たとえ、この投稿のように、フェミニズムを厳格主義《ピューリタニズム》だと思わせるために、女性への甘い言葉《ギャラントリー》や誘惑といったフランス的特性について誇らしげに語ることがいまも可能であるとしても、この種の論拠で、〔性暴力と闘うための〕議論や行動を阻止することはもはや不可能であるということだ。二〇一八年二月二七日、一三〇名の著名人がフランス版の「タイムズアップ」といえる「いまこそ行動する」を立ち上げた。ハリウッドの何人かのセレブリティが起こした運動と同様に、この「いまこそ行動する」は、「女性基金」〔女性の権利と女性への暴力に対する闘いに特化した活動をしている団体への助成を目的とした寄付を募るために、二〇一六年三月に創設された基金〕を通して、女性に対する暴力と闘う複数の市民団体を支援するための資金を集めることを目的としている。

#MeToo と #BalanceTonPorc のキャンペーンとそれらが引き起こした論争は、問題の争点を明らかにするとともに、性暴力に関するタブーを取り去り、さらにはこうした暴力に対抗するために、より適切な法的支援を行うことに貢献した。これらのキャンペーンは、

性暴力の広がりを明らかにしただけでなく、性暴力が社会的にも法的にもこれまで罰せられてこなかったことを誰の目にも明らかにした。他方で、このキャンペーンは、合法的な法権力に代わって、（ソーシャルネットワークのパワーを通じて）恣意的な人民裁判を助長したとも批判された。しかし、この批判とは反対に、フランスで、二〇一六年から二〇一七年に、第三者（被害者と同居していない人）に対する提訴件数が五三％も増加したという[83]事実は、こうした運動が法権力の復権に貢献したことを示している。この観点から、法的

（82）Collectif, dont Catherine Millet, Ingrid Carven et Catherine Deneuve, « Nous défendons une liberté d'importuner, indispensable à la liberté sexuelle », *Le Monde*, 9 janvier 2018.
［訳注］ここでは、「つきまとう」と訳したが、原語の importuner は「しつこくつきまとう」という意味。擁護する人にとっては「つきまとう」であっても、被害者にとっては性的侮辱、さらには脅威を感じさせられるものである。

なお、この公開書簡の抄訳および簡潔な解説として、次の記事を参照されたい。西川恵「『MeToo』VS.『ドヌーブ』があぶりだした米仏の『深い乖離』」（二〇一八年一月二六日）https://www.huffingtonpost.jp/foresight/metoo-catherine-deneuve_a_23341857/

（83）「犯罪および刑罰の国立オプセルヴァトワール（監視所）ＯＮＤＲＰ」と国立統計経済研究所Inseeによる調査報告書は、「世帯外で」の被害、すなわち被害者と同居していない第三者による性暴力の被害にあったと見なされる被害者数が増えていることを示している。提訴件数で見ると、二〇一六年の一七万三〇〇〇件から二〇一七年の二六万五〇〇〇件に増加。

な有罪判決は必要不可欠だと強調する必要がある。有罪判決は、被害者にとって償いの役割を果たすだけでなく、あらゆる人にとって教育的効果をもたらすからだ。ところで、女男平等高等評議会の報告書が詳述しているように、フランスでは毎年、性暴力の被害者となった数万人の女性のうち告訴するのはおよそ一割で、有罪判決が下されるのはさらにその一割にすぎない。(84)

加えて、こうしたキャンペーンは、フランス法に新たな罰則を定めて、法律をより充実したものにした。二〇一四年のベルギーに続き、フランスにおいても、性差別的侮辱罪が「性的暴力および性差別的暴力との闘いを強化する二〇一八年八月三日の法律第2018-703号」(85)によって、規定されたのである。この罰則の主な目的は、性的な提案、性行為をまねたジェスチャー、口笛、猥褻な音を立てること、着衣や身体的外見に関わる不快な言葉を浴びせること、路上での執拗なつきまとい……などに制裁を課すことで、法的な空隙を埋めることにある。性差別的侮辱は、人に対して、「その人の尊厳を侵害するような」あるいは「その人の意志に反して威嚇的、敵対的、あるいは無礼な状況をつくりだすような、暗に性的あるいは性差別的な意味を含む何らかの言葉や行動」を浴びせることであると定義される。これは「セクシャルハラスメント」の定義にかなり近い定義であるが、

「行為の繰り返し」が必要条件ではないという点で大きく違っている。性差別的侮辱は、公共空間で、とりわけ、路上において、さらに公共交通機関や学校や職場でも行われる可能性がある。この規定を円滑に運用するために、司法大臣ニコル・ベルベは、二〇一八年一〇月一日に司法官に向けて通達を出した。この通達では、性差別的侮辱は、市町村の警察官またはパリ交通公団（RATP）とフランス国有鉄道（SNCF）の警察官などの、「司法警察補助員」によって確認されるとしている。一番軽い罰金は九〇ユーロで、その場で科すことができる。二〇一八年九月二五日に初めて、エヴリの軽罪裁判所がある男性に対して性差別的侮辱罪で三〇〇ユーロの罰金を宣告した。この裁判は検事の判断で即決裁判により行われ、罰金の他にも、治療のための講習の受講義務をともなう六カ月の執行猶予付きで、九カ月の禁固刑が宣告された。この男性は、バスの中で一人の女性に対して、

(84) Haut Conseil à l'Egalité femmes-hommes, *Avis relatif au harcèlement sexiste et aux violences sexuelles dans les transports en commun*, avril 2015; *Avis pour une juste condamnation sociétale et judiciaire du viol et autres agressions sexuelles*, 5 octobre 2016 ; *Contribution relative à la verbalisation du harcèlement dit « de rue »*, mars 2018.

(85) ［訳注］詳しくは、『外国の立法 279』、国立国会図書館調査及び立法考査局、二〇一九年を参照されたい。https://dl.ndl.go.jp/info:ndljp/pid/11249608?tocOpened=1

侮辱発言（「売女」、「大きいおっぱいだね」といった発言）と性的攻撃（お尻をたたく）をした上に、運転手に対しても身体的攻撃を行っていた。この初の有罪判決においては、性差別的侮辱罪は加重理由として用いられた。今後、性差別的侮辱罪だけでこうした有罪判決が下されるかどうか、興味を引かれる。

こうした暴力に対する闘いのためには、法律による取り組みと合わせて、平等のための平等な教育が必要だ。性差別的暴力と闘うためには、公的領域から私的領域へ、さらにハラスメントから強姦へという二重の連続性の結び目を解くことが不可欠である。二〇一七年一一月五日付のフランスの週刊誌『ル・ジュルナル・デュ・ディマンシュ』に掲載された、性暴力に対する制裁と防止策を結びつけた緊急計画を求める一〇〇名の女性の呼びかけは、この展望のなかに位置づけられる。(86) 共和国大統領を筆頭にした公的権力へのこの訴えは、政治において重要なことは、恋愛においてと同じく、言葉《ディスクール》ではなく行動《アンガージュマン》によって証拠を示すことであると強調している。性的暴力および性差別的暴力に対する闘いは、法的手だてや被害者への寄り添い、さらに暴力の防止措置に対する財源を確保するために、バランスのとれた持続性のある手段が与えられる場合にのみ有効になる。被害者への寄り添いは、とりわけ、収容センターに受け入れ、加害者から保護し、自立して精神的に安定した個人として立ち直る支援を行うための資金を必要とする。こうした出資は、文字通り人の生き死にに関わるものである。こうした出資はまた、男女の性別による性差別的な社会化――一方では少女たちの謙虚さや思いやり、さらには自己犠牲の感覚を、他方では、少年たちの自信と気楽な個人主義、さらには全能感を助長させる社会化――を阻止するための、実現には時間と労力を必要とする体系的な政策にも当てられる。

法律を平等の武器とすることは[87]、ジャック・デリダの『法の力』[88]の中の言葉を借りるならば、「法とは常に、権威づけられた力である」限りにおいて矛盾した挑戦である。支配関係は、法律に変えられたとたんに、中立性、普遍性、公的秩序という正当性の下に覆い隠されてしまう。法律は「その根源にある力関係を隠し、そうすることによって、気づかれることのない支配のメカニズムの再生を容易にする」[89]。したがって、平等に関する法律

(86) Violences sexuelles : « Monsieur Macron, décrétez maintenant un plan d'urgence », *Le Journal du Dimanche*, 5 novembre 2017.
(87) Liora Israël, *L'Arme du droit*, Les Presses de Sciences Po, 2009.
(88) [訳注] Jacques Derrida, *Force de loi*, Ed. Galilée 1994. ジャック・デリダ著、堅田研一訳『法の力』、法政大学出版局、一九九九年、一一頁。

の制定において重要なのは、まさに、ピエール・ブルデューが「それを通じて象徴的な支配が行われる、もしくはこう言ったほうがよければ、社会秩序という正当性が課せられる最も強力なメカニズムの一つ」として分析している、権威づけられた力の掌握である。(90)

私たちに自由を押しつけないで、平等があれば自由になれるから(91)

先に引用した「私たちは、性的自由に欠かせない、つきまとう自由を擁護する」と題された公開書簡は、#MeToo および #BalanceTonPorc のキャンペーンを、「男性ヘイト」を表明するフェミニズムと結びつける。「つきまとう自由」への擁護がここでは、著名人たちによって、マターナリズム〔母親的温情主義〕とパターナリズムの両方にまたがった見下すような道徳主義的な口調で表明されている。この擁護は二重の意味で矛盾している。一方では、厳格主義《ピューリタニズム》を糾弾しながら自分たちも同じようにお説教を垂れ、もう一方では、自分たちは自由だと豪語して、性的・性差別的な暴力を実際に経験してそれを告発する女性に対してあなたたちは十分に解放されていないと非難するものだからである。〔「つきまとう自由」を擁護する〕知識も能力もある女性たちの確信とともに、神聖不可侵なる自由の擁護が、平等を不可能にしている状況についての議論を政治的な領域ではなく倫理的な領域に置くことによって鈍化させるために動員される。性的・性差別的な暴力は支配のシステムの表れであり手段であるということを見抜いている女性や男性たちを見下すために、暴力の一部〔たとえば、しつこくつきまとうこと〕を居心地のよい持続性のある多元主義の社会の条件だとすることで、再評価させるという巧みなペテン――使い古されたものとはいえ――が相変わらずまかり通っているのだ。〔犠牲者が沈黙を破って〕自由に発言したり、〔黙認されていた〕性的・性差別的な暴力を処罰したりすることは、性的自由の敵たちに、とりわけ宗教的過激主義者を利することになりかねないという論法は、「性欲動は本質的に攻撃的で野蛮であることを認める」といった短絡的な自明の理の論法と紙一重である。こうした論証は、女性の権利に関する要求と、文化的・民族的・宗教的マイノリティの集団的権利（group rights）に関する要求との間の矛盾を提起するアメリカの政治哲学者、スーザ

（89） Violaine Roussel, « Le droit et ses formes. Éléments de discussion de la sociologie du droit de Pierre Bourdieu », *Droit et Société*, 2004/1 (n°s 56-57), p. 42.

（90） Pierre Bourdieu, « Habitus, code et codification », *Actes de la recherche en sciences sociales*, 64, 1986, p. 42.

（91） Réjane Sénac, « Ne nous libérez pas, l'égalité va s'en charger », tribune publiée dans *Le Nouveau Magazine littéraire*, 10 janvier 2018.

ン・モラー・オーキンのジレンマと関連づけられることもありうる。(92) こうした論証はまた、宗教的過激主義、特にイスラム過激主義をもちだすことで、議論の信用を完璧に失墜させてしまう近代的なゴドウィンの法則〔インターネット上の議論が長引くと必ず誰かがヒトラーをもちだすという法則〕の一つの表れとも解釈できる。

ガールハントや女性への甘い言葉《ギャラントリー》の擁護という軽く見逃がされがちなことの裏で、性的攻撃（これは犯罪であることを思い出そう）が、「私たちの娘たち」が子供の頃から、威厳をもって、さらには巧妙に策を弄してやり過ごす方法を学ばなければならない「アクシデント」として当たり前のことにされてしまっているのだ。このように「私たち」の娘を貶《おとし》めることは、その反面で、「私たち」の息子に支配者の役割を引き受けるように躾《しつ》けることを意味している。支配者の力や欲望は自然なものだと思われていて、暴力という形で表現されるのは当然だというわけだ。

この公開書簡が奨励する社会は、管理《コントロール》(93)され、従属へと訓練される社会だといえる。そうした社会の究極の目的は、表現や創造や行動の自由ではなく、秩序の継続である。その秩序は、男性が女性を誘惑し、女性にはたとえそうした「性的な誘い」を迷惑だと思っても同意するか優雅にかつ軽やかに断る以外の選択肢はないという、男／女の二分法的な枠組みの中でしか欲望や快楽が意味をなさないような秩序である。私たちはそうした社会をよく知っている。なぜなら、私たちはそうした社会で暮らしているからだ。フランスでは毎年、配偶者あるいは元配偶者によって一〇〇人以上の女性が殺害され、二二万五〇〇〇人の女性が身体的・性的な暴力を受けている。性的自由が一部の人たちの占有物とならないようにするためには、支配する男／支配される女、男が能動／女は受動、男が主体／女

(92) Susan Moller Okin, « Is Multiculturalism Bad for Women? When Minority Cultures Win Group Rights, Women Lose Out », *Boston Review*, 22, 1997, p. 2-28 ; « Multiculturalism and Feminism : No Simple Question, No Simple Answers », dans Avigail Eisenberg, Jeff Spinner-Halev (dir.), *Minorities within Minorities : Equality, Rights and Diversity*, Cambridge-New York, Cambridge University Press, 2005, p. 67-89 ; Éléonore Lépinard, « Autonomy and the Crisis of the Feminist Subject : Revisiting Okin's Dilemma », *Constellations. An International Journal of Critical and Democratic Theory*, 18 (2), 2011, p. 205-221.
［訳注］スーザン・モラー・オーキン（一九四六―二〇〇四）は、集団的権利を守るための配慮が、多くの伝統的なマイノリティ文化の中にあるジェンダー役割の差別的な性質、つまり男性による女性の支配を覆い隠すようなことがあってはならないと考え、右の論文の「マルチカルチュアリズムは、女性にとって悪しきものなのか？」という問いに対して、基本的には「イエス」と答えている。

(93) Gilles Deleuze, « Post-scriptum sur les sociétés de contrôle », in *Pourparlers 1972 - 1990*, Éditions de Minuit, 1990. ジル・ドゥルーズ著、宮林寛訳『記号と事件――1972―1990年の対話』、河出書房新社、一九九六（一九九二）年。

は客体という硬直化した二分法がいまだに深く刻み込まれた異性愛規範モデルからの集団的かつ個人的な解放がなされなければならない。この公開書簡の中では、女性の性的自由が、たとえ、日中、職業生活においては管理職に就いている女性でも、私生活においては一人の男性の性的対象になるのを喜ぶ自由だと思われていることは非常に重大だ。ここで自由と呼ばれているのは、最も力をもっている女性にとってでさえ、いまだに、そして常に、不平等で非対称的な補完性における自由であり、男性の性的欲望に同意する女性がその義務を果たす自由にすぎない。

同じくこの書簡では、平等は自由のための条件であるにもかかわらず、自由と平等が矛盾するものとして提示されていることも意味深い。自由であるためには、実際に、自分自身より強い人あるいはより正当性をもつ人の支配から解放された平等な主体でなければならない。私たちは誰でも、欲望や快楽の完全な主体であるときにはじめて、性的に自由であると言えるだろう。そのためには、個人はもはや、性別、宗教、多少なりとも人種化された文化、社会階層などのいずれに結びついたアイデンティティであれ、集団的なアイデンティティに閉じ込められていてはならない。こうした同類としての平等という展望が現実に議論され、実現される可能性をもつためには、この展望が決して一枚岩のものではないことを受け入れなければならない。この点において、私たちの意見の不一致は決して超えることのできない相違でありうることを認めなければならない。だが私たちは、すべての人にとって平等で解放された社会に生きることを望むならば、不平等で不公平で硬直化した伝統を糾弾しなければならない。たとえそうした伝統が、目先の利益にとらわれた狭量な理解においては私たちの利益になるようなことがあるとしても、それを乗り越える手段を見つけなければならない。

アーティストの不平等な自由と責任——メネル・イブティセム対オレルサン(94)

#MeToo と #BalanceTonPorc がもたらした言葉の解放の現象はきわめて政治的である。なぜなら、それらは「フランス流の」自由と平等が交差する神話の化けの皮をはぐものだからだ。「つきまとう自由」に賛成する一〇〇人が署名した公開書簡に対する反応が示しているように、美しき偉大なフランスという国家の物語の中心に位置するこれら二つのトーテムはもはや神聖不可侵のタブーではない。自由と平等の原則は何を意味するのか、二

(94) Réjane Sénac, « Orelsan, Mennel : l'égalité KO ? », *Le Nouveau Magazine littéraire*, 12 février 2018.

つの原則はどう絡み合っているのか、そして、そうした原則はどう実現されているのかが議論され、論争の的になっている。

二〇一八年二月八日、TF1〔フランスの民間テレビ局で、高い視聴率を誇っている〕と番組『ザ・ヴォイス』の制作者は、ターバンを巻いたシリア出身[95]の二二歳の女性歌手、メネル・イブティセムが、二〇一八年二月三日に放送された番組でレナード・コーエンのハレルヤを英語とアラビア語で歌った後、八日の出演予定を辞退したことを「責任ある決断」と形容した。しかし、イブティセムが『ザ・ヴォイス』を降りたのは、〔一部の視聴者からの激しい〕非難を受けたからだ。たとえ最初は統合〔移民などをその出身文化を保ちつつフランス社会に受け入れる政策〕がエキュメニズム[96]と平和のすばらしいシンボルとして〔大方の視聴者から〕歓迎されたにしても、彼女が過去にソーシャルネットワーク上で取ってきた立場から見て、とりわけライシテが遵守されていないという理由で、フランス共和国の諸価値およびその一体性を危険に陥れるものだと非難された結果である。これに先立って、彼女のツイートとフェイスブックのメッセージが極右のファシストたちによって掘り出された。そして、テロを支持するいくつものメッセージが暴露された。二〇一六年七月一四日に八六名の死者と四五八名の負傷者を出したニースでのテロ事件の翌日の彼女のメッセージを引用してみよう。彼女は #PrenezNousPourDesCons〔私たちを馬鹿にしてればいい〕というハッシュタグ付きで「週に一度のテロがルーティンになった。そして『テロリスト』はいつでも信念に忠実であるために、身分証明書を携帯している。襲撃をしようというときに、一番忘れてはならないのは身分証明書なんだから」(97) と書いている。メネルは、二〇一六年八月一日のサンテチエンヌ・デュ・ルーヴレのテロの後にも、「本当のテロリスト

(95)〔訳注〕次の動画サイトで、メネルのターバン姿を見ることができる（訳者には、シモーヌ・ド・ボーヴォワールのターバンと大差ないように思われる）。彼女は、人々が決めつけているように、このターバンはイスラムを象徴するためのものではないし、シリア出身でもなく、フランス生まれフランス育ちであると言っている。https://www.francetvinfo.fr/societe/religion/video-je-ne-sens-pas-la-laicite-en-france-mennel-ex-candidate-controversee-de-the-voice_3494603.html

(96)〔訳注〕エキュメニズムは、もともとはキリスト教の教派を超えた結束を目指す主義のことで、世界教会主義ともいう。現在では、キリスト教だけでなく、より幅広く諸宗教間の対話と協力を目指す運動のことを指す場合もある。

(97)〔訳注〕一部の報道によれば、9・11の実行犯のパスポートが現場で見つかり、二〇一五年シャルリー・エブド襲撃事件では逃走に使われた車の中で身分証明書が見つかったらしい。このニースの事件でも襲撃に使用されたトラックの中から身分証明書が見つかり身元確認されたという。こうしたことに関して、このハッシュタグ「私たちを馬鹿にしてればいい（馬鹿にしないで、騙されないわ）」は、「テロリストが身分証明書を犯行現場に持っていって、しかもわざわざ現場に落としたり忘れたりするなんて。そんな馬鹿な話があるわけがない！」という疑問を示している。

は私たちの政府だ」とツイートしている。『ザ・ヴォイス』を辞めたことを説明するメッセージでは、さまざまな批判に答えて、この番組に出演していたのは「分断するのではなく結集したい、人心を暗くするのではなく自由でオープンにしたい」という意図からで、「愛と平和と寛容に満ちた未来を信じ、〔中略〕〔私の〕国フランスを信頼している」と断言している。

同じ二〇一八年二月八日、音楽界の六〇〇名のプロたちでつくっている団体が、ラッパーのオーレリアン・コタンタン、芸名オレルサンに、「第三三回音楽大賞」の年間ベスト男性アーティスト賞をはじめとする三つの賞を授与した。

これら二つの出来事を対比するのは、アーティストの社会的・政治的責任を判断するために適用される基準がどんなものであるか問うためである。オレルサンは二〇一二年にも受賞したことがあるが、それは〔後述のように、〕『汚い売女 Sale pute』という曲の放送に対して起訴された後、釈放された、その年であったことを思い起こそう。オーレリアン・コタンタンに対しては、アーティストの責任という問題に関して、二〇〇九年のバタクランでの公開コンサートで歌われた八曲についていくつものフェミニスト団体が提出した請願書を受けた二〇一三年五月三一日のパリ大審裁判所による有罪判決から、二〇一六年二月一八日のヴェルサイユ控訴院による釈放に至るまで、数度の矛盾した判決が下された。

ノルマンディー地方の中流階級出身のオーレリアンは、「(自分の) 哀れな母親を侮辱するようなことは決してしない」[98]と公言しているが、彼はまずパリ大審裁判所第一七法廷によって、「性別を理由に女性たちを公共の場で侮辱し、さらに性別を理由に女性たちに対する暴力を煽動した違反行為」に関して、「当人は自身の芸術家としての責任を自覚していた」[99]という理由で有罪の判決を受けた。『バレンタインデー Saint-Valentin』という曲のなかで使われている「マリ・トランティニャンみたいになる」[100]という造語は、女性が男性の欲望や意思に従わない場合は身体的な暴力を振るわれても当たり前だとする考えの極みであると指摘された。

この場合、パリ大審裁判所の判事たちは「女性の品位を落とし、堕落したイメージをま

(98) Interview par Stéphanie Binet, *Libération*, 17 février 2009.
(99) TGI, 17e Chambre correctionnelle, 31 mai 2013, n°0922423014.
(100) [訳注]「マリ・トランティニャンのように殺すぞ」という意味。マリ・トランティニャン(一九六二―二〇〇三)は、当時の恋人でロックバンド「ノワール・デジール」の歌手ベルトラン・カンタに殴殺されたフランスの女優の名前。DVの犠牲者の象徴となった。『男と女』などで有名なジャン・ルイ・トランティニャンの娘。

き散らす日常の性差別的な噂話と同じように、楽曲においても、女性に対する身体的、精神的、そして言葉による暴力が繰り返され一般化されていること」に有罪判決を下した。「この曲は、男性優位の考え方や肉体的であれ精神的であれ言葉によるものであれ女性に対する暴力がもたらす影響は深刻であるにもかかわらず、それがあまりに多くの場合許容され、さらには過小評価されている世間一般の状況の一環を為すものであるだけに、いっそう危険である」と断罪したのである。大審裁判所によるこの歌手への有罪判決は、作品の形式および影響力という基準に関しても検討された。この作品をフィクションだとか冗談だと見なすこと、あるいは政治的メッセージの表現だと見なすことは、判決の基準とはされなかったのだ。

　ところがヴェルサイユ控訴院は釈放の決定において逆の論理を用いた。控訴院は、この歌のフィクション的性格は一定の距離を生み、そのままの意味では受け取られないことを理由に、歌詞の性質や一般大衆に対する影響力についての分析を退けたのである。「一般に考えられているように、ラップとは現実社会に絶望した反抗的な世代を反映する音楽でありたいと願うものである以上、一部の者たちはラップを本質的に粗暴で、挑発的で、通俗的で、さらには暴力的でさえある表現方法として受け取ることもありうるわけで、現在のように典型的に自由な体制においては、当該の芸術作品のスタイルも考慮に入れるべきである」(101)と明言された。こうした理由づけは、いくつもの問題を保留にしたままである。たとえば、「一部の者たち」という表現に含まれているのは何なのか、〔白人で中流階級出身のオレルサンではなく、〕人種化されたラッパーに対してでもこの種の論証は適切であると判断されるだろうか、(102)そして／あるいは、ヘイトと暴力の煽動が、女性に対してではなく警察官に対するものだったり（二〇一七年ジョー・ル・フェノは二〇〇〇ユーロの罰金という有罪判決を受けた）、あるいはニック・コンラッドの『白人を吊るせ Pendez les Blancs』というビデオクリップのように「白人」に対するものだったならどうか、という問題である。〔後者については〕二〇一九年一月九日、軽罪裁判所の判決で、「生命を侵害する行為への直接的な煽動」を理由に、検事はコンラッドに執行猶予付きの五〇〇〇ユーロの罰金を求めた。

フィクションだからという免責特権に関しては、オレルサンは、楽曲『走れ、走れ

(101) Cour d'appel de Versailles, audience publique du 18 février 2016, motifs de la décision.
(102) Karim Hammou, « 19. Y a-t-il une "question blanche" dans le rap français ? », in Sylvie Laurent et al., *De quelle couleur sont les blancs ?*, La Découverte, « Cahiers libres », 2013, p. 190-196.

Courez courez』(二〇〇九年)の中で、物語の人物としての「私」と自伝的な実在の「私」との間を、登場人物と一人称の人物との間をわざとぼかして、「フェミニストたちが俺にうるさくつきまとい、まるで女たちが尻軽なのは俺のせいのように、俺を聖書に登場する悪魔ベルゼブブみたいに扱う」と語る。念のため、『汚い売女』(二〇〇六年)から、以下のフレーズも抜粋しておこう。「足の折れたあんたがどうやってずらかるのか見ものだな。俺があんたのあごを外したら、どうやってしゃぶるのか見ものだな。お前はただのメス豚、屠畜場がお似合いだ」。これに対して、「娼婦でも服従する女でもない」という名の市民団体によって請願書が出され、オレルサンは、動画の投稿サイトの共犯者として、「生命に対する故意の侵害、他者の身体の保全の故意の侵害、性的攻撃などの行為を生み出すおそれのある煽動」を理由に訴追された。しかし、二〇一二年六月一二日、煽動的で極端に暴力的な歌詞は、想像上の男性(オレルサンであってオーレリアン・コタンタンではない)によって想像上の女性(想像上の恋人)に対して発せられたものであるという理由から、パリ軽罪裁判所は釈放を言い渡したのである。

彼は変わった、彼は成熟した、あれは昔の話だ。本当にそうだろうか? 彼の最新アルバム『パーティーは終わった La fête est finie』は二〇一八年二月八日に音楽大賞を受賞したが、ある女性に対する愛を歌っている『楽園 Paradis』という曲のなかでさえ、彼はいまだに、女性を軽蔑すべき動物性に結びつけるオレルサンなる人物を演出し続け、こう歌っている。「あのメス犬たちはみんな道端に捨ててきた。心配しなきゃならないのは俺のほうさ。だって、お前はあいつらよりずっといい女だから」。さらに、授賞式の際に彼が母親に対する敬意を以下のように表したことについてはどう考えるべきだろうか。「俺は、愛してるなんて言うに値しないような馬鹿女たちばかりに愛してると言ってきて、お袋に愛してると言ったことは一度もないんだ！」

〔#MeToo などによって〕女性たちが性的・性差別主義的な暴力に関する沈黙の掟を乗り越えようとしている現在の状況において、音楽界のプロたちがオレルサンに与えた評価は、メネル・イブティセムに対しては看過できないと判断された〔アーティストとしての〕社会的、政治的責任についての基準に対応しておらず、基準が寛容になっているという点は示唆に富んでいる。二人に対する扱いのコントラスト(103)は、「兄弟たち」の間では共犯的な寛容さが適用されるのに対して、「兄弟ではない者たち」は危険な背反者としての嫌疑をかけられるということを示している。このコントラストはまた、いわば制限市民権(104)の考え方がいまだに残っていることの証拠であり、「兄弟ではない者たち」は、ほんのわずかでも非難の余地があると、危険な存在だと見なされる。「兄弟ではない者たち」は、どんなに支配者たち〔つまり、「兄弟たち」〕の規範を修得しても十分だとはみなされず、失敗は許されないのだ。

これら二つの出来事を合わせると、あるシステムが浮かびあがる。つまり、フランス共和国では、人々の声が、同じ基準や同じ必要性によって判断され、聞き入れられるわけではないということだ。「なんでも一緒にしてはいけない。いかに暴力的であるにしても、オレルサンのようなアーティストの歌の歌詞とメネル・イブティセムの個人的な意見表明を比較するのは偏っている」と言われるかもしれない。たしかに、フィクションのレベルでのアーティストの表現の自由と、市民として模範を示す義務とを区別することは非常に重要である。しかし、そのために、性別、肌の色、および／あるいは宗教に応じてアーティストを差異化、ひいては差別化する扱いが隠蔽されるようなことがあってはならない。テロ陰謀説寄りの発言に関して言えば、二〇〇一年九月一一日の米国の同時多発テロについての、二〇〇七年二月一六日のパリ・プルミエール〔フランスのテレビ局〕の番組での女優マリオン・コティヤールの発言、あるいは二〇〇九年九月一五日の『ス・ソワール・ウ・ジャメ』〔フランスのテレビ局、フランス3で放送されていた文化の現状についてのトーク番組〕での俳優で映画監督のマチュー・カソヴィッツの発言は間違いなく批判に値するものだった。しかしだからといって、これらの発言は彼らのアーティストとしての信用の失墜やキャリアの終焉にはつながらなかった。

ミシェル・ウエルベックというペンネームで有名な作家ミシェル・トマは、小説『プラットフォーム』(105)のプロモーションのために二〇〇一年八月に『リール』誌および『フィガロ』紙に掲載されたインタビューの中で、イスラム教を「最もくだらない宗教」と形容したことで、「イスラム教への帰依を理由に、特定の人々を侮辱したこと」および「人種差別ヘイトの煽動に加担したこと」に対して訴えられたが、その後、二〇〇二年一〇月二二日、パリ軽罪裁判所から釈放の判決を受けた。この件を検討してみよう。彼の釈放は、芸術における自由の限界はどう定義づけられるのかについて、とりわけ芸術家の社会的およ

(103)［訳注］男性で白人のオレルサンは「兄弟たち」の一員であり、女性で非白人で移民の子であるメネル・イブティセムは「兄弟たちではない者」を象徴している。次の段落に出てくる女優マリオン・コティヤールは女性であっても白人なので、「兄弟たち」と見なされているのだろう、と著者は示唆している。
(104) Saïd Bouamama, *La France. Autopsie d'un mythe national*, Larousse, 2008, p. 194.
(105) Michel Houellebecq, *Plateforme*, Flammarion, 2001. ミシェル・ウエルベック著、中村佳子訳『プラットフォーム』、河出文庫、二〇一五年。

び刑法上の責任[106]と文学者の神聖化[107]という見地から、問いかけるものである。芸術の社会学者ナタリー・ハイニッヒが分析しているように、ラッパーのオレルサンの釈放は、作家ウエルベックの釈放と同様に、「『創造の自由』の概念の逸脱のしるしといえる。芸術の名の下に、私たちは、侮辱や中傷や、人種差別ヘイトや殺人の煽動に対する禁止をすべてあきらめてしまうわけにはいかない」[108]。

二〇一六年、『フランス知識人の終焉?――ゾラからウエルベックまで』[109]において、イスラエルの歴史学者シュロモー・サンドは、「二〇一五年に出版されたこの近未来小説『服従』[110]が、仮にイスラム教ではなくユダヤ教の政党からのフランス大統領の誕生を描いていたとしたら、この作品に対するメディアや法的な反応はどうだっただろうか?」と問いかけている。サンドによれば、今日のフランスにおいてイスラム嫌いのディストピア小説がベストセラーになるのに対して、反ユダヤ主義のディストピア小説は出版できないだろう。同じ観点から、ラッパーが「イラン・アリミになれ」[111]と歌ったとしたら、間違いなく有罪判決を受けていただろう。シュロモー・サンドは、社会的および政治的問題に対する芸術家や知識人の脱責任化という意味において、ミシェル・ウエルベックの成功のなかにフランスにおける作家という職業の脱政治化を見出している。この成功はまた、自由の擁護、とりわけ芸術における自由の擁護が、平等ではなく不平等や支配の再生に手を貸すような政治的秩序をあらわにしている。女性に対する憎悪や暴力を煽動する芸術家に有罪判決が下されないことは、フランス社会が女性への暴力に対して社会的および法的に寛容であることを意味している。

(106) Gisèle Sapiro, *La Responsabilité de l'écrivain*, Le Seuil, 2011.
(107) Paul Bénichou, *Le Sacre de l'écrivain, 1750-1830 : essai sur l'avènement d'un pouvoir spirituel laïque dans la France moderne*, Gallimard, 1996.
(108) Nathalie Heinich, « Une dérive de la notion de "liberté de création" », *Libération*, 28 février 2016.
(109) Shlomo Sand, *La Fin de l'intellectuel francais ? De Zola à Houellebecq*, La Découverte, coll. « Cahiers libres », 2016.
(110) ［訳注］Michel Houellebecq, *Soumission*, Flammarion, 2015. ミシェル・ウエルベック著、大塚桃訳『服従』、河出書房新社、二〇一五年。
(111) ［訳注］二〇〇六年、パリで携帯電話のセールスマンをしていたユダヤ人のイラン・アリミは、ギャング団に誘拐され、拷問を受けて殺害された。

第3章　平等 対 平等神話

二一世紀初頭の現在、法的には平等が勝ちとられたにもかかわらず、実際には不平等が根強く残っているのはなぜか。この謎は、多くの場合、平等は、政治的にも法律的にも「辞書編集上の順序」[112]においては最初に挙げられるにしても、実行に移すのは難しいと認めることで解決されている。[113] 到達すべき目標であるという点では合意されていても、いわゆる中立かつ純粋な理想や法律は、実際には適用に不備があったり、自由に利用できる手段が不足していたりして、うまく行かないというわけだ。ベルギーの政治哲学者シャンタ

(112) John Rawls, *Théorie de la justice*, Le Seuil, 1987, p. 68. ジョン・ロールズ著、川本隆史・福間聡・神島裕子訳『正義論』、紀伊国屋書店、二〇一〇年、六〇頁。「これは、順番としてまず第一原理を充たしてから第二原理に移行し、第二原理を充たしてから第三原理を考慮し、等々を要求する順序なのである。自らに先行する諸原理が完全に充たされるか妥当しなくなって初めて、ある〔新しい〕原理が作動するようになる。」

ル・ムフが説明しているように、平等への権利はすでに存在しているという『ポスト政治的』ヴィジョン」[114]は時代精神を表しているが、こうした精神は、「民主政治の目的を合意と和解の観点から捉えようとすることによって、概念的に誤りであるだけでなく、政治的にも危険である」[115]。平等は、形式的には、イソノミア、すなわち各人の法の前での平等に帰されるとしても、その具体的な表れは、法的、政治的、社会的、そして経済的な平等の間の関係を問題にする。この問題に取り組もうとしないことは、平等の先行きは未だ厳しいものであり、多くの論争を必要としているにもかかわらず、平等をすでに獲得されたものと見なすことになる。

他者性のフェミニズム――近代性の陰に隠された撞着語法《オクシモロン》[116]

二〇一七年一一月二五日、フランス共和国大統領エマニュエル・マクロンが大統領任期五年間の国家重要方針を発表した際の演説は、自らフェミニストとして主張する平等主義的発言と、〔相変わらず女性を補完性に割り当てながら、〕補完性を生命の維持に不可欠であると同時に収益性のあるものとして評価することによって、補完性への割り当てを現代化する政策が共存しているという点において暗示的である。[117]

国家元首による性的・性差別的暴力に対する威厳に満ちた糾弾の象徴的重要性を否定は

（113）［訳注］注（112）にもあるように、「平等」の原理を他の原理より先立つようにランクづけると、「平等」の原理が充たされてから次の原理が作動することになる。したがって、社会の基本構造はまず、「平等」の原理と両立する仕方で調整されなければならない。しかし、実際には、「辞書式の（あるいは逐次的な）順序という概念は、即座にうまくいきそうもない。」（『正義論』、六二頁）。

（114）Chantal Mouffe, *L'Illusion du consensus*, *op. cit.*, p. 8-9. シャンタル・ムフ著『政治的なものについて――闘技的民主主義と多元主義的グローバル秩序の構築』（前掲、注（12））、一二頁。［訳注］ここでムフが「ポスト政治的」ヴィジョンと言っているのは、「グローバリゼーションやリベラル民主主義の普遍化のおかげで、平和、繁栄、そして人権の保障を世界規模でもたらしてくれるコスモポリタンな未来を期待できる」（『同書』、一二頁）というヴィジョンである。ムフは、二〇〇五年に出版したこの本で、こうしたヴィジョンを批判している。

（115）『同書』、一三頁。［訳注］ムフによれば、民主主義が合意や和解を目的とすることこそ、民主主義にとっての脅威である。それは、人間社会に潜在する「われわれ」と「彼ら」の敵対性を否認してしまうことになるからだ。対抗する者どうしの差異を正当なものとして承認しあう抗争状態こそが民主主義にとって重要なのである。

（116）［訳注］撞着語法とは、たとえば「雄弁なる沈黙」のように意味の矛盾する語を結びつける修辞法。ここでは、マクロンの「フェミニズム」が、女性を他者性に帰し、男女の補完性を肯定するという矛盾をはらんでいることを皮肉っている。

（117）Maxime Forest, Réjane Sénac, « Macron, président féministe ? », Libération, 4 décembre 2017 : https://www.liberation.fr/debats/2017/12/04/macron-president-feministe_1614382

しないにしても、市民団体や活動家たちは、表明された野心とは裏腹に、政策実現のための予算はあまりにも少なく、それを補うための財源も欠如しているという矛盾を指摘している。[118] マクロンの演説は、女男平等に与えられた政治的意味とは何かという問題を投げかけた。たしかに大統領は、人類学者フランソワーズ・エリチエ[119]の著作に言及して、男性による支配の根拠となるものは「構築されたものであるから、私たちはそれを解体できる」[120]と断言した。ところが大統領は、まず感情の領域に、続いて価値の領域に入り込み、「弱点がないことが望ましいのは、それが私たちの考えているフランス共和国の価値であり、姿であるからだ」と、模範的であらねばならない理想化されたフランスの擁護へと立ち戻る。大統領のスピーチにおいては、女性に対する暴力は社会の「呪われた部分」ではあるが、「私たちの国ではない社会、私たちの共和国ではない社会のことまで広げて言い過ぎている」とされる。マクロンの分析は、フランス共和国のまさに核心に、女性を一人前の市民として考えたり扱ったりするのを妨げる歴史的かつ哲学的な障害物があることには触れていない。彼の認識は、平等の約束が暴力の行為者たちのせいで損なわれ、共和国が堕落させられたというものである。このように個人の責任に焦点を当てることは、女性に対する不平等と差別の再生産において、フランス共和国の設立以来、（言語に至るまで）もっ

ぱら男性中心に考えられてきた普遍主義の役割を検討し、糾弾することを妨げる。性的・

(118) « Violences faites aux femmes : Schiappa réfute les accusations de baisse de budget », *Le Parisien*, 28 novembre 2017 : http://www.leparisien.fr/societe/violences-faites-aux-femmes-schiappa-refute-les-accusations-de-baisse-de-budget-28-11-2017-7421133.php.
不平等に対して闘うための政策、なかでも暴力に対する闘いに割り当てるべき財源の問題は、そうした闘いが単に原則についての嘆願だけに終わらないために、さまざまな場で審議の対象になってきた。たとえば、国際中絶の権利デー（九月二八日）と世界避妊デー（九月二六日）に際して、二〇一七年九月二〇日にフランス政府の諮問機関、経済・社会・環境評議会（CESE）で開催された「性と生殖に関する権利（セクシュアル・リプロダクティブ・ライツ）のための資金はどこに？」があげられる。このイベントは、経済・社会・環境評議会をはじめ、女男平等高等評議会〔注(59)参照〕、市民団体の「国連・女性・フランス」、「Equipop」〔女性と少女の権利と健康のために行動するNGO〕、「女性基金」〔七〇頁参照〕、「地中海女性のための基金」、「Women's WorldWide Web」〔女性と少女のエンパワーメントのためのヨーロッパ初のクラウドファンディングプラットフォーム〕などによる共催である。二〇一八年一一月二二日にも、同じ機関、団体の共催で、「女性への暴力に対する闘いのための資金はどこに？」が開催された。

(119) 〔訳注〕フランソワーズ・エリチエ（一九三三―二〇一七）。フランス社会科学高等研究院（EHESS）教授を経て、一九八二年にクロード・レヴィ＝ストロースの後継者としてコレージュ・ド・フランス教授に就任。未開社会の親族構造の研究を出発点に、男性優位は社会構造の普遍的な要因であること、その根底には原初における男性による女性の特権（出産能力）の剥奪と、そこから生じた序列概念（「男女の示差的原初価」）があることを発見した。

(120) 〔訳注〕特に、フランソワーズ・エリチエ著、井上たか子・石田久仁子訳『男性的なもの／女性的なものII 序列を解体する』、明石書店、二〇一六年を参照されたい。

性差別的暴力が罰されていないことがその兆候である。大統領はこうして、この「呪われた部分」に対する「羞恥心」を表現するために倫理的領域に自らを置き、一種の償いという形で、犠牲者の、共和国の、したがってフランスの尊厳の「修復」を呼びかける。そこで問題となるのは、「共和国という私たちの宝物」を腐敗から守ることである。つまり、一つの政治体制および社会の純粋さを再興する計画である。その計画の目的および手段は、平等主義のフランス共和国という神話を保ち続けることにある。こうした神話を守ることは、性的暴力に対する暴露「旋風」を、「忘却の社会から、密告が一般化した社会」への移行のリスクを冒すものだとして糾弾することでもある。そうした密告社会では、「男性と女性の間のすべての関係に支配関係の疑いがかけられる」というのだ。それはまた、「私たちは、厳格主義《ピューリタニズム》の社会ではない。歴史的に見て、別の形の不平等や分離を推し進めてきたような社会の一つではない」と慢心することを意味する。つまり、不平等とは人種隔離や制度化された人種差別などの遺産によって汚された、猜疑心に満ちた社会（たとえばアメリカ合衆国?）を特徴づけるものであるはずだという理由で――もちろんフランスはそうした遺産から免れていると理解しなければならない――、構造的な批判を失墜させることにほかならない。それは、「私たちの力、私たちの共和国を支えているもの」である「〔共和国市民としての〕礼儀《シヴィリテ》」を、「正義」や法より優先すべき課題であると見なして、正義や法を、単に、果たすべき義務としての「礼儀《シヴィリテ》」とすり替えているのだ。

こうして、エマニュエル・マクロンのスピーチは、共和国の諸原則を、〔一部の不心得者によって〕踏みにじられているものの、本来純粋なものであると述べて、その修復を気遣う共感的かつ倫理的なヴィジョンを示している。大統領は、これらの原則の水準に及ばない個人を非難することによって、過去および現在のフランスに平等を不可能にするような条件はないかという問題提起をすることから目を背けている。二〇一八年三月八日の女性の権利のための国際デーにおいても、マクロンは、男女の関係について自身の差異主義的な考え方を繰り返した。「私は他者性というものを信じています。男性にとっての真の他者性とは女性のことです。(中略)私は心の底からフェミニストです。なぜなら私は、女性という他者のうちに厳然としてある、何にも還元できないものが好きだからです」。

女性を他者性に帰することは、非相互的な他者性が問題になっているという点において平等とは矛盾する。シモーヌ・ド・ボーヴォワールが指摘しているように、これは以下のことを前提としている。「女は男を基準にして規定され、区別されるが、女は男の基準にはならない。女は本質的なものに対する非本質的なものなのだ。男は〈主体〉であり、

〈絶対者〉である。つまり、女は〈他者〉なのだ」。(121)

この国家元首のスピーチは、理論的にも歴史的にも「他者化された」集団に属している人たち――とりわけ女性および人種化され差別されている人たち――を、そういう女性および男性たちがこれまで平等および自由の原則の適用から除外されてきたのと同じ理由で、包摂しようとする傾向を示している。すなわち、政治的に同類であるという意味において平等と見なすのではなく、異なる存在として識別〔したうえで包摂〕しようとしているのだ。

女性は、母親になるという生来の使命から適切な距離を保つことができず、分別のある市民であるために必要な資質をもつことができないという理由で――できないというのは、能力が欠如しているという意味だが――、公的空間から排除されてきた。補完性を論拠に、女性を政治や職業といった公的空間に受け入れたのも、結局は同じことである。このような「他者」としての包摂は、現代化とはいっても、女性に母性という使命に結びつけられた資質(人の話を聴くこと、共感すること、人々を平和にすること、集団への関心など)を割り振るにすぎないという点において限界がある。こうした包摂は、女性がトップの座に就く可能性とは矛盾する。実際、トップの座に就くためには、決断力がある、つまり、自力で意思決定をする能力があると認められなければならない。仲裁や合意を取りつける能力といった、いわゆる女性らしいあるいは母親らしい資質は、せいぜいで、よきナンバーツーの資質である。歴史的に、一般利益を代表するのは当然のことながら男性であり、そのためには、必要ならば憎まれ役を引き受けてでも、個別の利益に反対する権力をもつのは男性であるとされてきた。女性性という語と権力という語がもつ社会的含意《コノテーション》の矛盾は、二〇一九年現在のフランスにおいてもトップの座に就いているのはほとんど男性だけであるという事実を説明する。たとえば、共和国大統領や国会議長など、政治権力という意味で最も高い職務に就いた女性はこれまで一人もいない。一九九一年五月一五日から一九九二年四月二日まで、フランソワ・ミッテラン政権の下で首相を務めたエディット・クレソンは、今日に至るまで唯一の女性の内閣総理大臣であるが、彼女の在任期間は第五共和制下で最短だった。クレソンに対するメディアや政界の扱いは、女性が一人前の政治家として内閣の任務を果たすことの難しさ、ひいては不可能であることを物語っている。例として、クレソンに反感をもつ国民議会議員フランソワ・ドベールが彼女につけた「ポンパド

(121) Simone de Beauvoir, *Le Deuxième Sexe I*, Gallimard, 1987 [1949], p. 15. シモーヌ・ド・ボーヴォワール著、井上たか子・木村信子監訳『決定版 第二の性 I 事実と神話』、新潮社、一九九七年、一一頁。

ウール〔フランス王ルイ一五世の愛人だった女性〕」というあだ名や、マリオネットを使った風刺番組「ベベットショー」で彼女が「アマボット」という名の黒豹の姿で風刺されたことなども挙げられるだろう。[122]政治学者のデルフィーヌ・デュロンが分析しているように、こうした攻撃は、エディット・クレソンが、慎み深さ、控えめな態度、自己犠牲などとは正反対で、期待されている女性らしい資質にかなっていると見せる振る舞いも、かといって覇権主義的な男性らしい資質にかなっていると見せる振る舞いもせず、正体不明の「悪いジェンダー」という印象を与えてしまったことに関係している。[123]

女性がナンバーワンであると見なされるときでさえ、その女性をナンバーツーの地位にとどめようとする傾向は、組織のトップに男女一人ずつ二名を任命するという形にも見られる。権力との関係において、女性を一人前で自立した存在と見なすことへのこうした抵抗を表している二つの例を見てみよう。二〇一三年、フランスの新聞史上初めて、女性の、ナタリー・ヌゲレードが『ル・モンド』紙の編集長に選ばれた。だがそれは二〇一〇年から社長の座にあったルイ・ドレフュスとの共同編集長という形だった。同じロジックで、二〇一六年五月四日、フランスのエネルギー会社、エンジーの取締役会によってイザベル・コシェールは、CAC40〔フランス株式銘柄の上位四〇社〕で唯一の女性社長に決まったが、退任する社長ジェラール・メストラレが非常勤の社長として任命された。このように、女性の権力からの排除は、以前は、女性は改善の余地なく不完全であるという理由で正当化されていたのだが、現在も女性の包摂は、相変わらず、女性だけでは不十分であるという考えの上で行われている。

「フランス流の」平等は神話にすぎない

私が「フランス流」の平等は神話だと言うのは、(124) このフランス流の平等と神聖不可侵なる平等原則との関係が驚くほど脱政治化されたものであることを暴くためである。理想化

(122) [訳注] 一九八二年から一九九五年までフランスのテレビ局TF1で放送されていた政治ニュースを風刺した人気番組。ミッテラン大統領はケルミッテランという名前の蛙、クレソンは傲慢で色仕掛けで権力を得ているというイメージの黒豹として描かれていた。アマボットという名前は、「A ma《アマ》 botte《ボット》!(私に従いなさい)」とbotte de cresson(野菜のクレソンの束)との駄じゃれ。

(123) Delphine Dulong, « Drôles de genres et genre de rôle. Édith Cresson à Matignon ou le (mauvais) genre en politique », dans Matthieu Gateau, Maud Navarre, Florent Schepens (dir.), *Les Identités de genre en politique*, Presses universitaires de Dijon, 2013.

(124) Roland Barthes, *Mythologies*, Le Seuil, 2014 [1957]. ロラン・バルト著、下澤和義訳『ロラン・バルト著作集3 現代社会の神話』、みすず書房、二〇〇五年。

された均質な考え方に目を向けさせるために、平等がもつ複雑さ、ひいては歴史的かつイデオロギー的なジレンマが隠ぺいされてしまっているのだ。

現代における平等神話の具体的な例は、二〇〇七年、二〇一二年、二〇一七年の大統領選挙で社会党の候補者を支援した経済学者トマ・ピケティの著作にも顕著にあらわれている。ピケティは、『21世紀の資本』において、なぜフランスは不平等の変遷に関心をもつ者にとって模範的な国であるのかを、三つの論拠を用いて説明している。第一に、一七九〇年から一八〇〇年にかけて、「当時としては驚くほど斬新で包括的なものだった」[125]土地、建物、金融資産の登記システムが確立されたこと。第二に、フランスは人口の推移を他に先んじて経験したために、「世界全体の人口推移にとってこの先、何が待ち受けているかを観察するのに適した場所」[126]であったこと。[127]最後に、「フランス革命は非常に早くに、市場に対して法的平等という理想――この理想が富の再配分の力学に与えた影響の研究は興味深い――を導入した」[128]という点において、政治的秩序と経済的秩序との連携が見られたことがあげられる。これとは対照的に、ピケティはイギリスとアメリカの限界を指摘している。「イギリス革命は王家をそのままにしたし、アメリカ革命は奴隷制を廃止できず、その後も法的な人種差別が容認され続けた」のだ。さらに、ピケティは、フランス革命を

「あらゆる法的特権を廃止し、もっぱら権利と機会の平等に基づいた政治的・社会的秩序を構築しようとした」[129]という点において、「より野心的な革命」と形容する。彼はまた、「民法典は、所有権と自由に契約を結ぶ権利に対して絶対的な平等を保障している（少なくとも男性にとっては）」[130]とも主張している。『21世紀の資本』には、他にも、括弧でくくる、挿入する、あるいは脚注にするという形で、女性が平等原則から排除されていたことを明記した箇所が見られる。[131]

ここでは、平等神話は、「絶対的な」という形容詞との共存のなかに立ち現れる。だが、

(125) Thomas Piketty, *Le Capital au XXIe siècle*, *op. cit.*, p. 59. トマ・ピケティ著『21世紀の資本』（前掲、注(33)、三一頁。
(126)『同書』、三一頁。
(127)［訳注］ピケティは、人口増加という点では、アメリカのほうが大きいが（独立宣言当時は三〇〇万人だったのが今日ではその一〇〇倍の三億人になっている）、これは一般化できないのに対して、フランスの事例（フランス革命の頃の約三〇〇〇万人が今日では二倍になっている）の方がもっと典型的で、役に立つと説明している。
(128)『同書』、三二頁。
(129)『同書』、三二頁。
(130)［訳注］『同書』、三二頁。

この「絶対的な」という形容詞によって修飾されている平等は、括弧や脚注によって男性にしかあてはまらないと認められている平等なのだ。括弧や脚注は、ロラン・バルトが理論化したように、いわば「ワクチン」である。平等原則がきちんと適用されていない点を認めることは、適用の首尾一貫性を根底から問い直そうとする集団的想像力に免疫を与えることになる。すなわち、「悪い点を認めて、それを少しだけ接種することによって、集団的想像力は、全体的な秩序破壊の危険から守られるのである」(132)。

「フランス流」の平等を神話として解読するには、そこに隠されている「第二次の記号体系」(133)に至るために、二つのレベルの読解を必要とする。第一レベルの読解は、トマ・ピケティは、女性が歴史的にこの平等原則の適用から除外されていたと明記しているという点において、「フランス流」の平等の脱神話化に貢献していると認めることにある。しかしながら、この記述には不備があり厳密でもない。というのも、市民権と公民権を制限された受動的市民権の中に閉じ込められていたのは女性だけではないからである。植民化された先住民もまた、下級市民権しか与えられない――それどころか市民権そのものが与えられないような制度の下に置かれていたのだ。第二レベルの読解では、トマ・ピケティは、フランスの二重の模範性――前述のように、不平等の変遷の分析の観点からも、平等主義的な政治的・法的秩序の実践の観点からも――を前提とすることで、神話が今日もなお生き続けていることに加担している。つまり、彼の言葉は〔第一次の記号体系が意味するのとは〕別のことを意味するためにあるメタ言語である。[134] こうして、証拠があるにもかかわらず／証拠に反して、フランスは平等原則に照らして模範的であると自己演出し続けること

（131） Pierre Bras, « Le capital féministe au XXIe siècle : primauté de l'égalité des sexes », *L'Homme et la Société*, 198, octobre-décembre 2015, p. 13-27.

トマ・ピケティは、男女間の不平等について、*Le Capital au XXIe siècle* の p. 440では二つの読点「、」で挟むかたちで、p. 441では括弧に入れるかたちで指摘している（『21世紀の資本』、二九〇頁）。また、彼は、家長の権威を認め、結婚によって自分の意のままに財産を処分できなくなる妻に不利になる相続法が「少なくとも男性たちにはかなり楽観的に歓迎された」と明記している（*Le Capital au XXIe siècle*, p. 576、『21世紀の資本』、三七八頁）。

（132） Roland Barthes, *Mythologies*, *op.cit.*, p. 262. ロラン・バルト著『ロラン・バルト著作集3 現代社会の神話』（前掲、注（124）、三七一頁。

（133） 『同書』、三二六頁。

（134） 〔訳注〕ロラン・バルトは、次のように説明している。「神話には二つの記号体系が存在し、一つは言語学が扱う〔第一次の〕記号体系で、これを対象言語と呼んでおこう。なぜならそれは、神話がそれ自身の体系〔第二次の記号体系〕を構築するために奪い取る言語だからである。そして神話そのものは、これをメタ言語と呼んでおこう。それは第二次の言語であり、そのなかで第一次の言語について語るからである。」cf.『ロラン・バルト著作集3 現代社会の神話』、三二七頁。

になる。

この神話は、フランスを、啓蒙の世紀以来掲げられてきたいくつもの素晴らしい原則——ただしうまく適用されていないのが玉に瑕なのだが——の祖国であるとする物語の一部をなしている。たとえ、啓蒙の世紀は人口の半分以上を闇の中に置き去りにしていた[135]ということをもはや知らないふりはできないにしても、そうした現実を括弧に入れてしまえば平等神話を傷つけずにすむのである。

絶対自由主義とアナーキズムの先駆者の一人、シルヴァン・マレシャル〔一七五〇—一八〇三。平等主義の革命思想家〕もまた、「フランス流」平等神話が歴史的および政治的にいかに根深いものであるかを分析するのに申し分のない、いくつかの断編を残している。マレシャルは、一七九六年に「平等者の宣言」——これはまさに、「言語道断な差別の撤廃[136]」を要求する宣言である——を発表したにもかかわらず、一八〇一年には少女に識字教育を施すことを禁止する法案を提出した。ピケティは「絶対的な」平等と表現しているが、たとえば、シルヴァン・マレシャルは、自身が提出した法案の理由書に、「両性は完全に平等である。すなわち、両性を構成するものはそれぞれ異なるが、どちらも同じように完璧である」と明記する。このように、女性を知識から排除すること、すなわち自立した存在として考えたり行動したりする能力から排除することを合法化し、女性を社会および自然の秩序において補完的な役割に貶《おとし》めることが平等の名において正当化される。そこには、みじんの矛盾もない。ルソーはといえば、少女を少年と同じように教育することは〔女性に固有のものをなおざりにすることになり〕、「女性は自分の地位より低いところにとどまって、しかも私たち〔男性〕の地位に身をおくこともできず、こうして自分のねうちの半ばを失ってしまうことになる」(137)と記している。この文章の言い回しからは、読者は男性でしかありえない、男性でなければならないことが前提になっているのが明らかである。このように、教育を受けた女性は、ルソーにとってもシルヴァン・マレシャルにとっても、自然の秩序を転覆し、社会的・政治的秩序にとって危険な存在である。

(135) 特に以下を参照。Louis Sala-Molins, *Les Misères des Lumières : sous la raison, l'outrage*, Laffont, 1992.

(136) Sylvain Maréchal, Manifeste des Égaux (1796), dans Stéphane Courtois, Jean-Pierre Deschodt, Yolène Dilas-Rocherieux, *Démocratie et Révolution. Cent manifestes de 1789 à nos jours*, Le Cerf, 2012, p. 104-107.

(137) Jean-Jacques Rousseau, *Émile ou De l'éducation*, Flammarion, 1966 [1762], p. 474. ジャン＝ジャック・ルソー著、今野一雄訳『エミール 下』、岩波文庫、一九九四年、一九頁。

フランス共和国というソフトウェア、その逆説とその矛盾についての問題提起は複雑である。なぜなら、それには、いわゆる模範的な遺産という障壁を乗り越えることが要求されるからだ。人権を重んじる国の前衛として演出されたフランス共和国は、その一貫性の欠如に対する訴えを、いわば背信として見なさざるをえなくなっている。そうした訴えは一種の悔悟にすぎず、国家の一体性とアイデンティティを危機にさらすものだと見なされるのだ。

「フランス流」平等原則の現代的ヴィジョンを形づくるとともに限定もしているこうした暗黙の遺産との関係を断ち切るためには、精神分析がその一助となるかもしれない。人格に関するフロイトの類型論は、心的装置の三つの重要な審級――すなわち、エスと自我と超自我――の間の葛藤と協働という巧妙なメカニズムを明らかにしている。今日の「フランス流」平等神話の複雑さは、平等がトーテムである「超自我」と不平等の欲動をもたらす「エス」との間で緊張状態にある「自我」のようなものだと解釈できる。「超自我」は、平等のポリティカルコレクトネスであると同時に、トマ・ピケティが括弧付きで言うところの絶対的平等と同じように、〔平等ではないという〕証拠があるにもかかわらず、フランスの遺産の理想化された物語であるといえる。過去および現在の過失、ひいては科《とが》はさまざまな原則自体に内在するものであることを認めないために、紆余曲折を繰り返しているのだ。フランスの遺産、わが「共和国のエス」は異性愛主義、異性愛規範主義であり、人種差別主義であることを認めるための作業をしないかぎり、今日私たちが診断を下している不平等および差別と闘うことはできないだろう。そうした作業こそが、不平等や差別の根源に働きかけるための条件である。[138] 平等主義の「超自我」による理想化と不平等主義の「エス」による否定との間で、共和国の「自我」はまさに統合失調状態にある。集団としても個人としてもこれ以上この病理に侵されないためには、両義的な遺産を引き受け、たとえ厳しく困難なものであっても一貫して、そうした遺産を乗り越えていく手段を手に入れなければならない。そのためには、政治的、すなわち集団的およびイデオロギー的な精神分析を行う必要がある。それは当然のことながら高くつき、これまでの常識を覆すような居心地の悪いアプローチとなるだろう。それはまた、社会的および政治的秩序の根源にこそ問題があると認めることである以上、ラディカルなものにならざるをえない。こうしたアプローチは、悔悟や贖罪によるのではなく、政治を議論と行動の中心に置く、建設

(138) Réjane Sénac, *L'Égalité sous conditions : genre, parité, diversité*, Les Presses de Sciences Po, 2015, p. 111.

的な明晰さによるものである。

フラテルニテから、そして市場から解放された平等のために

「多様性、それはビジネスにとってよいものだ」。「リーマン・ブラザーズがリーマン・シスターズだったら、経済危機はなかっただろう」(139)……。なぜ、女性/男性のみならず、いわゆる多様性のある人々のための平等政策を正当化するのに、利益をもたらす補完性が理由にあげられるのだろうか?

経済危機の状況においては、講じられた措置の成果《パフォーマンス》を示すことが、その措置の正当性を納得させるための唯一の方法だとでもいうのだろうか? 「他に選択肢はない《ノー・オルターナティブ》」というスローガンに体現されたこのネオリベラルな信条は、特定の措置、特に職場の安全に関する措置はコスト/利益の計算によって正当化されるものではないという事実によって否定されてはいないのか。企業には、企業に選択の余地はなく、安全は市場ルールの外にあるというメッセージが送られてはいないのか。そのための支出は、人および財の安全のための、交渉の余地のない原則の適用だと私たちは考える。たとえば、現場の安全のための規則の遵守を問題にしているときに、それに必要な物的・人的コストと規則を遵守しない

ことによって生じる節約とを計算して決定するようなことがあれば、もってのほかだと私たちは思うだろう——少なくともそうであってほしい。私たちと不平等との関わりを理解するためには、いったいなぜ私たちは、平等という基本的権利の適用をその成果を示すことによって正当化しなければならないことに驚かないのか——あるいはほとんど驚かないのか——、その理由を問うことが不可欠である。

　平等がどんな利益をもたらすかを論証するという、いわゆるプラグマティズムを受け入れること、それは、利益をもたらす差別と高くつく差別とを臆面もなく天秤にかける危険を冒すことである。女男平等に関して〔改めるべきものとして〕最も合意が得られている二つのテーマ(140)〔もう一つは、公共の場における安全〕のうちの一つ、賃金の平等について言えば、コンコルド財団〔フランスのシンクタンク。一九九七年設立〕の研究が賃金の不平等はフランス経済に年間六二〇億の損失をもたらす

(139)〔訳注〕国際通貨基金（IMF）専務理事だったクリスティーヌ・ラガルドが、二〇〇八年の金融危機に関連して、「リーマン・ブラザーズがリーマン・シスターズだったら、現在の経済危機はかなり異なる様相を呈していただろう」と述べたことを示唆している。

(140) #MeTooが始まった二〇一七年一〇月に、ジャン・ジョレス財団〔フランスの、左派系のシンクタンク〕の依頼で、フランス世論研究所IFOPが行った「フランス社会における男女の不平等に関するアンケート（Les inégalités femmes/hommes dans la société française）」を参照。

と断言していること[141]を喜ぶべきだろうか？　それとも、ジャーナリストのクリストフ・バルビエのように「女性に男性と同じ賃金を支払えば、企業は破産するだろう」[142]と言うべきだろうか？　このクリストフ・バルビエの主張は真剣に検討されるべきである。なぜなら、平等政策のコストと利益を分析すると、平等政策は利益が上がらないという結論に至る可能性があるからだ。マクロ経済学におけるいくつかの研究によると、女性に対する賃金差別は、海外への直接投資という観点から、特定の国々の魅力を強め、結果的にそうした国々の経済的ダイナミズムを増大させていると判明した。経済学者のステファニー・セギーノは、開放経済体制〔資本・商品などを国際的に自由に取引できる体制〕で、グローバリゼーションの影響が大きい準工業国（たとえばタイや台湾）では、賃金差別は経済成長を増進させると指摘している[143]。実際、女性と男性の賃金格差は両性間の生産性の差より大きく、そのことがこれらの国への海外投資を魅力的なものにしている。つまり、女性の労働力が安価であることが利潤を生んでいるのである。その結果、いわゆるプラグマティックな論拠によって、平等推進のための社会的投資はその適用の正当性を弱められ、さらには危うくされている。

こうした危険を意識して、当時、フランス・ストラテジー〔フランス首相府付の調査・研究機関〕の委員長だったジャン・ピサニ＝フェリーは、たとえ、差別が「経済的に利益をもたらすという証拠がもたらされるとしても、差別を受け入れてよいことにはならない。（中略）第一、差別は経済的に不利益を与え、共同体にとって高くつき、結局は、差別の撤廃は経済成長と所得に実質的な利益をもたらすことがわかっている」[144]と主張している。とはいえ、〔利益を最優先する〕経済的な基準によって見直しを迫られている平等を守るために用いられたこの断固たる論拠も、「他に選択肢はない」という覇権主義的な物語によって開かれた裂け目をふさぐには十分でない。

平等原則の適用にはどんな条件も課すべきではないとしても、それでもやはり状況の違

---

(141) Fondation Concorde, « Résorber les inégalités salariales entre femmes et hommes pour renforcer notre économie », Clélia Aucouturier et Erwann Tison, octobre 2017 : https://fondationconcorde.com/wp-content/uploads/2017/10/Octobre-2017-Note-inégalités-salariales-femmes-hommes.pdf

(142) Sur France 5, dans l'émission « C dans l'air » le 9 janvier 2017.

(143) Stéphanie Seguino, « Gender Inequality and Economic Growth : A Cross-Country Analysis », World Development, 28 (7), 2000, p. 1211-1230.

(144) France Stratégie, *Le Coût économique des discriminations*, rapport remis à la ministre du Travail, de l'Emploi, de la Formation professionnelle et du Dialogue social, et au ministre de la Ville, de la Jeunesse et des Sports, par Gilles Bon-Maury et al., septembre 2016 : www.strategie.gouv.fr/publications/cout-economique-discriminations

いについては考慮に入れるべきだ。なぜなら、そうした違いは、直接的差別であれ間接的差別であれ、解消しなければならない差別の潜在的な原因であるからだ。一九九六年の国務院の報告書に明記されているように、平等原則は、「経済的、社会的、文化的な不平等の深刻化を阻む」ために、機会の平等の促進と連結している。「機会の平等を促進するための活動は、権利に差をつけることによって行われる場合もありうる。それは、不平等の削減という目標の結果として生じる一般利益が、権利の平等原則の例外を道理にかなったものと認め、そうした例外を法的に可能にする場合である」[145]。この観点において、「積極的差別〔フランスではアファーマティブアクションをこう表現する〕とは、不平等の削減を目標とする主意主義《ボランタリスト》の政治によって実施される特殊なタイプの「正当な」差別である。このように定義される積極的差別は、フランスの法律において頻繁に見られるものである」[146]。したがって、積極的差別の実践は正当であり、合法と見なされる。なぜなら、それは不平等な秩序の再生産に対抗して働くからである。ジュスティーヌ・ラクロワ〔ベルギーの政治学者、一九七〇年生まれ〕が説明しているように、私たちは、さまざまな民主的な変動、とりわけ積極的差別の措置を講じることは「『類似性』の要求から『差異』の主張」[147]への地すべり的移行であると解釈したくなってしまうかもしれない。ところが、こうした措置を正当化する原理を分析すると明らかなように、こうした措置の目標は、「どこそこへの所属を擁護することではなく、まったく反対に、継承された集団の特徴が個人の成功を妨げうる決定的要因にならないように保証すること」[148]なのだ。

課題は、平等の神話化された考え方を乗り越えるためにどんな手段を用いるべきか見定めることにある。いったいどういう場合に、区別しないことが、構造的な不平等を前にして、そこから目を背けること、さらには不平等の共犯となるのだろうか？　またどういう場合に非‐差別の条件となるのだろうか？　区別しないことが解放につながるためには、市民間に非‐支配の関係を築くことが必要であり、それを目指すプロセスとして、自分たちが同類であると想像することができなければならない。

「兄弟ではない者たち」の平等がほぼ完全に抹殺されていることを暴くことは、「兄弟ではない者たち」を補完的な存在として扱うことを平等主義と形容するような理論的および

(145) Conseil d'État, *Rapport public 1996. Sur le principe d'égalité*, La Documentation française, 1997, p. 109.
(146) *Ibid.*
(147) Justine Lacroix, « Communautarisme et pluralisme dans le débat français. Essai d'élucidation », *Éthique publique*, 9 (1), p. 55.
(148) *Ibid.*

政治的な策略を槍玉《やりだま》に挙げることである。「兄弟ではない者たち」は最初は、「生来の」使命から自らを解放できないという理由で法の前の平等、とりわけ選挙権と被選挙権から排除された。今日、「兄弟でない者たち」は、あらゆる権利と空間に包摂されている。ただし、それは、自らの特異性つまり差異への帰属を演出するという意味と、利益をもたらすという二重の意味でパフォーマンスするという条件においてなのだ。こうした策略を暴くことは重要である。なぜなら、この策略は具体的に以下のような結果をもたらすからだ。すなわち、「兄弟でない者たち」を超えることのできない他者性の領域に、同類であると想像することや同類であることとは両立しない補完性の領域に閉じ込めたままにするからだ。

結論　遊牧的空間における条件なき平等に向けて

二〇一八年一〇月、フランスに出現した「黄色いベスト運動」は、エネルギー製品、なかでもガソリンの国内消費税の増税に反対する動員から始まった。この運動は、富裕連帯税（ISF）が廃止されて有価証券と投資への税を免除する不動産富裕税（IFI）に代わるといった措置が、経済的合理化の名の下に庶民階級や中流階級を犠牲にしてエリートに有利に正当化されたものであり、税制的にも社会的にも不公平なものであると告発している。このように黄色いベスト運動は、合法的に上下に分断された権力階層という神聖化された考え方を覆すものである。実際、この運動は、経済的・政治的エリートたちが一般利益を主張しながら、実は一般利益を犠牲にして自分たちの個人的利益を追求していると して糾弾したのである。(149)

この運動はまた、代議制民主主義に対する不信を表明し、特に、市民主導の国民投票

（RIC）を導入することによる直接参加型民主主義を要求する。このように、成果《パフォーマンス》を正当性と選択の唯一の基準とする管理政策への評価が覆され、問い直される。この抗議運動が、どのようにイデオロギーの時代の復権に寄与するのか、あるいは、相変わらずいわゆるプラグマティズムの時代の一環をなしているのかを分析することは興味深いだろう。政治が可能なことの技法に成り下がっているいま、管理が幅を利かせる政治を糾弾することは、政治とはいまある状態とあるべき状態との間に不可能なことを生起させる技法だということを思い起こさせることである。これは、平等を理想化された、現実離れした原則として把握しなければならないと言っているのではない。反対に、平等原則を女性も男性もすべての人に、それぞれの人に適用するためには、状況に応じて考えることが不可欠だ。すなわち、その歴史的な奥深さと同時に、その社会的・政治的な厚みにおいて考えなければならない。このように、構造的な不平等の再生産を避けるためには、状況のさまざまな差異について考慮しなければならない。[150]

同類になるために自らを同類として想像してみることとは、差異を否定することではなく、差異が差別——不当に差異化された扱いという意味での差別——をどのようにして正当化するのか、その方法を見分けることを要求する。そうすることで、解放された自由な独自性について考え、そうした独自性をもつことが可能になるのだ。

たしかに、目的が手段を正当化するとすれば、社会的マイノリティを包摂するために収益性の論拠を用いることはプラグマティズムを推し進めることだと考えたくなる。だがそれは、手段が目的を条件づけるという事実から目を背ける、あるいは目を背けようとすることにつながるだろう。不平等が執拗に続き、さらには新たに作り出されていることを考えれば、私たちはこうした偽りの見せかけを乗り越えるべきである。政治記者という職業を例にとってみよう。この職業は、男性の政治家は女性に対してのほうが本心を明かしやすいという理由から、フランソワーズ・ジルー(151)〔一九一六―二〇〇三〕を先駆として、一九七〇年代末に女性たちにその門戸が開かれた。二一世紀の初頭において、この職業における女男平等

(149) 〔訳注〕「このように黄色いベスト運動は、」から「…糾弾したのである。」までは、原文では、第3章の「他者性のフェミニズム」の節の最後に位置していたが、文脈から鑑みてここに移動した。

(150) Joan W. Scott, « L'énigme de l'égalité », *Cahiers du genre*, 33, 2002, p. 40.
〔訳注〕ジョーン・W・スコット〔アメリカの歴史学者、一九四一年生まれ〕は、右の論文で次のように記している。「政治は可能なことの技法だと説明されてきたが、私は、政治とはむしろ、不可能なことの折衝、すなわち解決策にたどり着くための試みだと表現したい。そうした解決策は、民主主義の社会においては、正義や平等の原則に近づくものであるが、しかし決して到達はしない。それによって、(中略)新たな折衝に扉を開いておくのだ。」

はどうなっているのだろうか？　二〇一五年五月四日付の『リベラシオン』紙に掲載された「私たち、女性政治記者は性差別主義の犠牲者である……」と題された記事が示しているように、〔女性の特異性に着目した〕差異主義的な理由づけは、四〇年経った今もなお女性ジャーナリストの正当性を汚している。彼女たちは、いまだにジャーナリズムに関わっている女性と見なされるだけで、一人前のジャーナリストとは見なされない。その結果、仕事のやり方においても扱うテーマにおいても、女性としての特異性が期待されているのだ。この一年前の二〇一四年三月二日にも、「第一面に女性たちを」という声明文が出された。女性政治記者たちがメディアにおいていかに目に見えない存在であるかを告発した。この声明文に署名した女性たちは協会を組織し、「第一面をとろう」という名で、〔メディアミックスブログサービスの〕タンブラーに投稿した。彼女たちの要求は、メディアにおける女性の適正な登場と編集部門における職業上の平等である。

妨害に直面した時には、神話の意図を明らかにするだけでなく、物語、つまりは現実を変えることによって、神話を解体することが必要だ。そのためには、アイデンティティを特定するカテゴリーに働きかけ、そうしたカテゴリーが、疎外をもたらす序列的な分類に従わないようにしなければならない。とりわけ身分証書の「女性／男性」[152]という二分法に

「その他」あるいは「中性」といったカテゴリーを加えることによってカテゴリーを増やすことが考えられる。[153] それは、性別という二分法によって歴史的に条件づけられてきたことの影響を分析していくことを可能にすると同時に、とりわけ、そうした影響を改善するための特別の措置を講じることによって、二分法によるアイデンティティの特定から脱する可能性をもたらすだろう。問題は、これらのカテゴリーへの指定や固有のステレオタイプを解体することであって、単に現代化することではない。平等を目指すこうしたアプローチは、したがって、アイデンティティの序列的かつ硬直的な指定を乗り越えるための挑戦でなければならない。しかし、それはまた、そうした指定のこちら側での〔つまり、従

(151)〔訳注〕一九四六年に『ELLE』誌の編集長に抜擢され、一九五三年には、ジャン゠ジャック・セルヴァン゠シュレベールと共に『レクスプレス』誌を創刊。一九七四年にヴァレリー・ジスカール・デスタン大統領により創設された「女性の地位」副大臣に任命された。

(152) 注(24)を参照。

(153)〔訳注〕これはフランスではまだ認められていない。二〇一九年一月一日から、ドイツで「第三の性」として、「Divers(多様)」を出生証明書の性別欄に記載できるようになった。第三の性を世界で初めて認めたのは、二〇一一年のネパールで、ほかにも、カナダ、オーストラリア、バングラデシュ、インド、マルタ、ニュージーランド、パキスタンが同様の制度を認めている。https://courrier.jp/news/archives/149300/

来の二分法の枠内での〕挑戦でもあらねばならない。こうした条件において、アファーマティブアクションの実施は、（「教育優先ネットワーク（REP）」〔教育優先地域（ZEP）に代わって、現在はこの名称が用いられている〕から、責任あるポストを分担するためのクオータ制を導入した法律にいたるまで）さまざまな公共政策の領域において、不平等な秩序の解体に役立つだろう。これらの措置の正当性の原則は動かしがたいものである。なぜなら、〔こうした措置を取らずに〕平等がもたらす収益性とか「成功した」女性および男性の功績を前面に押し出すことは、構造的な差別が執拗に存続していることや、成功した条件（経済的資産、人脈、家族の援助など）を覆い隠してしまい、それらを問い直すことを妨げるからだ。こうした戦略には、成果を上げることを不可能にしている構造的・体系的な条件を過小評価して、成功だけでなく失敗の責任までもまずは個人の資質と能力に結びつけてしまうという悪影響がある。

新しい分類カテゴリーを生み出すことは、解放への一段階であり、分類と命令から脱する見通しを開くものである。引き継がれたカテゴリーを保ちながら新しいカテゴリーを付け加えることは、支配のカテゴリーを乗り越えるために支配のカテゴリーを用いるという、デリダによって指摘されたジレンマを宿す手法である。だが、それによって、二分法的アイデンティティの枠組み（女性／男性、白人／非白人、異性愛者かそうでないか……）において構造化された支配する男／支配される女という関係を混乱させると同時に、差別とは何かを分析し続けることができる。ドゥルーズの類型論を引き合いに出すなら、アイデンティティを特定する線や溝の数を増やし、複雑化させることによって、線や溝がますます増えていく空間を通って、遊牧的空間を目指すことである。[154]そこでは、問題は、「たとえたった一人のメンバーからなるマイノリティであっても、数えられないものの力能を際立たせることだ。これは多数多様体の公式なのだ。普遍的な形象としてのマイノリティ、または万人になること」[155]である。解放は、認めることができるものとそうでないものを決定する基準に照らして考えられねばならない、それは、各人を平等な存在として認めることの前提条件である。哲学者ジュディス・バトラーの言葉を借りれば、より包摂的な社会にするという目標の向こうに、「その社会の内部に亀裂を生じさせ、普遍性の主張が認められると同時に無効にされてしまうような矛盾をあらわにすること」[156]が課題となる。

(154) Gilles Deleuze, Félix Guattari, *Capitalisme et schizophrénie 2*, Éditions de Minuit, 1980. ジル・ドゥルーズ、フェリックス・ガタリ著、宇野邦一ほか訳『千のプラトー――資本主義と分裂症』、河出文庫、二〇一〇年。
(155) *Ibid.*, p. 588.『同書』、下、二四〇頁。
(156) Judith Butler, *Rassemblement. Pluralité, performativité, politique*, Fayard, 2016, p.67.

〔条件なき平等という〕ユートピアを現実にするという挑戦は、人間の多様性が、疎外を招くような個別化へと変化することなく、女性も男性もすべての人がどの人も同類として認められ、同類として生きることを可能にするという挑戦である。人間として、すべての人が同類となることこそは、一人ひとりの特異性を平等に開花させることができるための条件である。モニック・ヴィティッグが私たちに呼びかけているように、[157] 異性愛を規範とし、人種化によって差別するような政治経済から私たちを解放しよう。それは、私たちを有色人種の（あるいは、有色人種でなくても）女性や男性につくりあげることで、平等かつ／ゆえに自由な個人となることを妨げている。私たちは、女性あるいは男性に生まれるのではなく／最初から女性あるいは男性であるわけでもない。[158] 女性あるいは男性になるのだ。今こそ、互いに同類になる手段を手にする時である。

（157） Monique Wittig, *La Pensée straight*, Balland, 2001.

（158） Natacha Chetcuti, « De “On ne naît pas femme” à “On n’est pas femme”. De Simone de Beauvoir à Monique Wittig », *Genre, sexualité & société*, 1, printemps 2009.

訳者あとがき

本書は、「レシキエ通り Rue de l'échiquier」という名のパリの出版社から、二〇一九年に刊行された *L'Égalité sans condition. Osons nous imaginer et être semblables* の全訳である。著者のレジャーヌ・セナック Réjane Sénac（一九七五年―）は、二〇〇四年にパリ政治学院で博士号を取得し、現在はフランス国立科学研究センターCNRS・パリ政治学院政治学研究センターCevipofの研究主任。パリ政治学院ジェンダー研究・教育プログラムPRESAGEの運営委員として、教鞭もとっている。また、二〇一三年から二〇一九年まで女男平等高等評議会HCEfhのパリテ部門代表をつとめた。著書として、『性別による秩序――女・男不平等の認識 *L'ordre sexué : la perception des inégalités femmes-hommes*』（PUF社、二〇〇七年）、『パリテ *La Parité*』（PUF社、クセジュ文庫、二〇〇八年）、『条件付きの平等――ジェンダー、パリテ、多様性 *L'égalité sous conditions. Genre, parité, diversité*』（シアンスポ出版、二〇一五年）などがある。

本書の翻訳についての打診があったとき、本を開いてみて、冒頭のエピグラフから驚いてしまった。ヴォルテールといえば、自由を信奉し、『カンディード』などで奴隷制を告発した思想家だと思い込んでいたので、「こうした取引はわれわれの優位性を示している。主人に仕える者は、主人をもつために生まれついているのだ」といった、あたかも奴隷制を容認し黒人を差別するような文章にショックを受けたのだ。また、現代フランスの有名文化人らしいラファエル・エントヴェンとか、歌手のメネル・イブティセム、オレルサンなど、日本ではあまり知られていない（というか、わたしはまったく知らなかった）名前が出てくるかと思うと、ジャン＝ポール・サルトル、シモーヌ・ド・ボーヴォワール、ピエール・ブルデュー、ジャック・デリダ、ジル・ドゥルーズ、ロラン・バルトなど現代の著名な思想家たちはもちろん、『21世紀の資本』のトマ・ピケティまで引用されている。流行作家のミシェル・ウエルベックも登場する。ジョン・ロールズやナンシー・フレイザーなど、フランス以外の欧米の学者の名前も並んでいる。情報量が多すぎて、浅学なわたしには消化しきれないのではないかと危惧した。おまけに文体も手強い。正直なところ、受けるかどうかとても迷った。

とはいえ、これまでフランスを中心にフェミニズム思想を研究してきたわたしにとって、現在のフランスの状況を知るうえで看過できない書物だということは明白だった。セナックの意図は、フランスが平等の国であるというのは神話にすぎないことを、共和国のスローガン「自由・平等・友愛」の再検討を軸に論証することだが、右に記したような知識人たちの考えを参考にし、また、最近の具体的な事例を示しながら展開しているので、納得がいく。これまで知らなかったことに驚き、新たな知見に接する喜びを味わった。

フェミニズム研究を始めようとしている方にも是非、読んで欲しいと思った。日本では、フランスのフェミニズムというと、第二波フェミニズムでのアントワネット・フークなどの性的差異派とクリスティーヌ・デルフィなどの普遍派の対立や、英米圏由来のいわゆる「フレンチ・フェミニズム」のビッグスリーとしてジュリア・クリステヴァ、リュス・イリガライ、エレーヌ・シクスーに関心をもつことが多かったのではないだろうか。しかし、二〇〇〇年代になると、フランスにも第三の波がやってきて、様相は一変した。フェミニズムは細分化され、たとえば、パリテ（男女同数代表制）、生殖補助医療（特に、代理出産）、買春の罰金化など、フェミニストたちの意見が分かれないような問題を見つけるのは困難なくらいだ。ヴェールの禁止法についても、ヴェール着用は女性の服従の象徴であるとして禁止を積極的に支持したエリザベート・バダンテールと、一方的な禁止は人種差別的であり、「人種化された」[*1]男性だけでなく女性もまた同じ抑圧を受けるとして反対したクリスティーヌ・デルフィの考え方は、同じ普遍派とはいっても、全面的に対立している。本書においても、女性に対する暴力／#MeTooや、闘争の手段としての「非・混在」をめぐる意見の対立などが取り上げられている。他方で、いまやフェミニズムはフランス社会における「支配的な言説になり、メディアも政治制度もフェミニズムの主張を常に肩代わりしている。〔中略〕男性優位の状況を変えることに反対する人はいない」[*2]という。確かに、フランス政治における男女平等の進展はめざましく、特に二〇一二年からのフランソワ・オランド大統領のもとでの男女同数内閣の成立は特筆に値するだろう。その後、二〇一七年五月に大統領に就任したエマニュエル・マクロンも一一月二五日の「女性に対する暴力撤廃の国際デー」で、女男平等を向こう五年間に取り組むべき国家的大義として宣言し、自らフェミニストであると語ったことなどが、本書でも言及されている（日本の首相がこうした記念日に発言したのを聞いたことはない）。しかし、セナックは同時に、マクロンの「フェミニズム」が、女性を他者性に帰し男女の不平等な補完性を肯定するという矛盾をはらんでいること、また、この補完性は収益性の有無によって評価されるものであることを批判している。

　フェミニズムとは何かを定義するのは容易ではない。フェミニズムの定義はフェミニストの数だけあると言われたりもする。ちなみに、『広辞苑』の第七版では、(第六版にあった「男性支配的な文明と社会を批判し組み替えようとする思想・運動」という表現がなくなり、)「女性の社会的・政治的・法律的・性的な自己決定権を主張し、性差別からの解放と両性の平等とを目指す思想・運動。女性解放思想。女権拡張論」と定義されている。つまり、フェミニズムは男女平等を目指す思想・運動であると言えるだろう。しかし、それでは、「平等」とは何なのだろうか。これが、セナックが本書で取り組んだ問題である。

　セナックは、まず第一に、平等が適用されているのは誰に対してなのかを問う。フランスの憲法には共和国のスローガンとして「自由・平等・友愛」が掲げられているにもかかわらず、いまだに不平等が続いているのはなぜなのか。それは、スローガンの最後の言葉

＊1　この用語については、本文中の訳注を参照されたい。
＊2　クロード・アビブ「21世紀に期待されるフェミニズムとは」、『日仏文化』、n°87、公益財団法人・日仏会館、二〇一八年、一一九頁。

「友愛（フラテルニテ）」が含意しているのは「兄弟たち」の友愛であって、そこからは、「兄弟ではない者たち」――女性だけでなく、女性・男性のどちらにも区別されない人たちや、白人ではない「人種化された人たち」――が排除されているからだ。「平等」が適用されているのは、「兄弟たち」だけなのだ。この事実は、「兄弟ではない者たち」にとっては自明のことなのに、「兄弟たち」には理解できていない。「兄弟たち」は自分たちが普遍であり、基準であると考え、「兄弟ではない者たち」は特異な存在であると見なす。そして、彼ら・彼女らを自分たちとは異なる集団としての特異性のなかに閉じ込めて、排除する。たとえば、女性は「おしゃべりだから」と十把一絡げに決めつけて、排除する。いまどき信じられないが、フランスでも、ジャーナリストや知識人のなかにさえ、「兄弟たち」のフラテルニテに対して、「兄弟ではない者たち」のソロリテ（姉妹愛）は、「派閥的な連帯」を示すものだと決めつけて、「女性や『人種化された』マイノリティは、一般利益の何たるかを知らず、あるいは一般利益を犠牲にしてまでも自分たちの『ちっぽけな』利益だけを守ろうとする」といった発言をする者がいることを、セナックはフランスで最も聴取率の高い朝のラジオ番組の一つで遭遇した例を挙げて示している。セナックは、さらに、同性婚、フランス語の文法における男性形の女性形に対する優位、ムスリムの女性歌手と白人の男性ラッパーをめぐる議論など、最近の事例を紹介しながら、「兄弟ではない者たち」には必ずしも「平等」が適用されていないことに気づかせる。「友愛（フラテルニテ）という言葉の見せかけの中立性は、政治的、宗教的、哲学的等々のさまざまな共同体の中に、平等なファミリーの一員としてふさわしいと認められた者とそうではない者との間に歴史的にも現代においても、境界線が引かれていることを（不完全にであれ）隠している」のだ。「自由・平等・友愛」の友愛をフラテルニテではなく、ソロリテ（姉妹愛）に置き換えてみると、フラテルニテという言葉が中立ではないことがよく分かるのではないだろうか。

　セナックがフラテルニテという言葉を問題にするのは、単に男・女の差別という観点からだけでなく、「社会的マイノリティ」に対する差別という観点からであることも指摘しておきたい。セナックは、「人は潜在的に差別の原因となりうる複数のアイデンティティの交差点《インターセクション》に存在している」という観点から、性別、人種、そして社会階級といった社会的関係に照らして、差別の基準がどのように関連し合っているのかを考察している。

　二一世紀の現在、男女平等は多くの国で著しく進展している。男女平等ランキングといわれるジェンダーギャップ指数（世界経済フォーラム）で、日本は二〇二〇年に世界一五三ヵ国中一二一位だったが、たとえば二〇一四年には一〇四位（一四二ヵ国中）、二〇一一年には九八位（一三五ヵ国中）だったのが徐々に順位を下げている。これは日本の男女平等が後退したからというよりは、他の国の男女平等が前進したからだと言えるだろう。フランスはどうだろうか。ジェンダーギャップ指数を見るかぎり、二〇一四年に前年の四五位から一挙に一六位に躍進し、二〇二〇年も一五位と上位を維持している。それでも、本書を読むと、まだ全然平等ではない国のように思える。なぜか。それは、平等に関するセナックの第二の問い、「どんな平等か？」とも関わっている。

現在、「兄弟でない者たち」も、権利の平等を享受しているように見える。「ただし、それは、自らの特異性つまり差異への帰属を演出するという意味と、利益をもたらすという二重の意味でパフォーマンスするという条件においてなのだ」。つまり、「兄弟でない者たち」を、超えることのできない他者性の領域に、同類であることとは両立しない補完性の領域に閉じ込めたままにし、しかも、その補完性は利益をもたらすものであることが期待される。補完性とは、たとえば、男性と女性にはそれぞれ特性があり、両者が互いにその特性を生かして補い合うという考え方である。一見、良い考えのように思える。しかし、実際には、この補完性は不平等なものであり、一方（「兄弟たち」）が他者（「兄弟ではない者たち」）を同類として認めず、他者（「兄弟ではない者たち」）を硬直した特異性の中に閉じ込め、個人としての自由を奪っている。最近では、多様性の名のもとに、「兄弟たち」とは異なる特性をもつ者が参加する方が良い効果をもたらすと言われたりするが、特性には長所だけでなく、短所もある。女性の特性には付加価値があるから包摂するというのは、女性だから排除するというのと同じように、危険である。「重要なのは私たちが互いに普遍的に同類であると認め合うことであって、『兄弟ではない者たち』に文化的、社会的および／あるいは経済的な『付加価値』を期待することではない」。そうではなくて、「兄弟たち」の間では互いに平等であることと一人ひとりが特異で異なる存在であることが矛盾しないのと同じように、「兄弟ではない」とされている人たちもまた、性別や人種、宗教、社会階層などに結びつけられた集団的なアイデンティティに閉じ込められることなく、一人ひとり個人として同類であると認められなければならない。

本書のタイトル『条件なき平等』があらわしているのは、集団としての特異性の中に閉じ込められることなく、集団としての特異性によって「補完性」に割り振られることなく、そして、社会に収益をもたらすという「条件なし」に、一人ひとりが同類として平等であるべきだ、ということである。「人間として、すべての人が同類となることこそは、一人ひとりの特異性を平等に開花させることができるための条件である」とセナックは結論している。

そのためには、どうすればいいのだろうか。まずは「フランスは平等の国であるという神話」から解放されて、平等ではない現実に気づくことである。そのうえでセナックは、具体的な方策として、アファーマティブアクションや非・混在を真の平等にたどり着くための「一時的な」手段として容認するという、本書の大胆かつ辛辣な論法からは意外なほど柔軟なスタンスを取っている。男／女あるいは白人／非白人という分類によって不利に置かれている人たちを「教育優先ネットワーク」のようなアファーマティブアクションによって救済したり、女性だけ非白人だけで集まって議論するのを認めたりすることは、差異による分類を受け入れていることになるとか、逆差別だといって反対する人も多い。だがセナックは、「機会の平等を促進するための活動は、権利に差をつけることによって行われる場合もありうる。それは、不平等の削減という目標の結果として生じる一般利益が、権利の平等原則の例外を道理にかなったものと認め、そうした例外を法的に可能にする場合である」と擁護している。また、差別の根源にある、同じものと異なるものを区別し、対立させ、序列化する二分法的思考、とりわけ男／女の二分法からの解放については、

「支配する男／支配される女、男が能動／女は受動、男が主体／女は客体という硬直化した二分法がいまだに深く刻み込まれた異性愛規範モデルからの集団的かつ個人的な解放がなされなければならない」とし、「アイデンティティを特定するカテゴリーに働きかけ、そうしたカテゴリーが、疎外をもたらす序列的な分類に従わないようにしなければならない。とりわけ身分証書の『女性／男性』という二分法に『その他』あるいは『中性』といったカテゴリーを加えることによってカテゴリーを増やすこと」を提案している。

そもそも条件つきの平等すら実現していない日本においては、セナックの考え方は先鋭すぎると感じる読者もいるかもしれない。しかし、セナックが呼びかける挑戦、「人間の多様性が、疎外を招くような個別化へと変化することなく、女性も男性もすべての人がどの人も同類として認められ、同類として生きることを可能にするという挑戦」には同感できるだろう。本書はフランスでの議論なので、「兄弟＝白人男性」「兄弟ではない者たち＝非・男性、人種化された人たち」が問題になっているが、この構図はフランスだけではなく日本にも当てはめて考えることができる。そこにどういった人たちが歴史的、社会的に当てはめられてきたのか、当てはめられようとしているのか、わたしたちには考えてみる義務があると思う。

最後に、原書ではいわゆる「包摂的言語」が用いられているが、翻訳にあたっては、必ずしも厳密に反映していないことをおことわりする。フランス語の文法には男性形と女性形の区別があり、さらに複数形では男性形で代表されるので、たとえば、「すべての人」というのは一般には tous と表記されるが、これでは女性が見えなくなってしまうので、セナックは「すべての女性」という意味の toutes と「すべての男性」という意味の tous を合わせて tou-te-s と記している。したがって、tou-te-s は厳密には「女性も男性もすべての人」と訳すべきだが、単に「すべての人」とした場合もある。そのほうが読みやすいと判断したからだ。他にも les non-blanc-he-s「非白人男性および非白人女性」や les premier-e-s concerné-e-s「男性および女性の当事者」など、同様に判断した。もちろん、「包摂的言語」に反対だからではない。現在では職業名の女性化も進んでいて、個人的には喜ばしいと思っている。たとえば、作家という語は、従来、auteur という男性名詞しかなかったのを、女性の作家に autrice または auteure という表記を（アカデミー・フランセーズの反対にもかかわらず）用いることで、女性の存在を見えるようにする動きがある。しかし、日本語では、保母、看護婦、助産婦など、女性に割り当てられてきた職業名を脱ジェンダー化する（それぞれ保育士、看護師、助産師にする）方向にあり、わざわざ女性作家というと、逆に差別を感じてしまう。そこで、本書の翻訳に際しては、男女差別にならないように留意しながら、文脈に応じて使い分けた。

引用文については、既訳を参考にさせていただき、大変助けられた。また、原文の解釈については早稲田大学教授オディール・デュスュッドさんから、フランス社会の現状についてはフランス国立東洋言語文化研究所研究員・パリ大学教員の猿ヶ澤かなえさんから、いろいろ教えていただいた。原著者の幅広い知識に対応するのに苦労して難航しながらも、本書が無事に出版の運びとなったのは、これら多くの方のお蔭である。ここで心から感謝の意をお伝えしたい。最後になったが、編集部の関戸詳子さんにも大変お世話になった。彼女の熱心な励ましがなければ、挫折していたかもしれない。ありがとうございました。

二〇二一年二月

井上たか子

ま　行

や　行

ら　行

わ　行

人名索引

著　者

Réjane Sénac（レジャーヌ・セナック）

フランス国立科学研究センターCNRS・パリ政治学院政治学研究センターCevipof研究主任。パリ政治学院ジェンダー研究・教育プログラムPRESAGEの運営委員として、教鞭もとる。2013年から2019年まで女男平等高等評議会HCEfhのパリテ部門代表。著書として、『性別による秩序——女・男不平等の認識 *L'ordre sexué : la perception des inégalités femmes-hommes*』（PUF社、2007年）、『パリテ*La Parité*』（PUF社、クセジュ文庫、2008年）、『条件付きの平等——ジェンダー、パリテ、多様性*L'égalité sous conditions. Genre, parité, diversité*』（シアンスポ出版、2015年）など。

訳　者

井上たか子（いのうえ・たかこ）

獨協大学名誉教授。訳書にシモーヌ・ド・ボーヴォワール『決定版 第二の性』（共訳、新潮社、1997年）、同『モスクワの誤解』(人文書院、2018年)、フランソワーズ・エリチエ『男性的なもの／女性的なもの　Ⅰ、Ⅱ』(共訳、明石書店、2017年、2016年)、イレーヌ・テリー『フランスの同性婚と親子関係：ジェンダー平等と結婚・家族の変容』（共訳、明石書店、2019年)、編著書に『フランス女性はなぜ結婚しないで子どもを産むのか』（勁草書房、2012年）などがある。

条件なき平等
私たちはみな同類だと想像し、
同類になる勇気をもとう

2021年4月20日　第1版第1刷発行

著　者　レジャーヌ・セナック
訳　者　井《いの》上《うえ》たか子
発行者　井村寿人

発行所　株式会社　勁《けい》草《そう》書房
112-0005　東京都文京区水道2-1-1　振替　00150-2-175253
（編集）電話　03-3815-5277／FAX　03-3814-6968
（営業）電話　03-3814-6861／FAX　03-3814-6854
堀内印刷・松岳社

ISBN978-4-326-65428-4　Printed in Japan

井上たか子 編著

フランス女性はなぜ結婚しないで子どもを産むのか

子どもを産むために結婚する必要はない！ 人口学、憲法、ジェンダー等の専門家が日仏の家族観、結婚制度、国の支援を比較。安心して産み、育てられる環境について考える。

2640円／四六判／232頁

ISBN978-4-326-65378-2 （2012．10）

Ch．デルフィ
井上たか子・加藤康子・杉藤雅子 訳

なにが女性の主要な敵なのか
ラディカル・唯物論的分析

家事労働、家父長制イデオロギーから女性解放運動の戦略まで、刺激的な問題提起とあざやかな分析によって知られるデルフィの主著の待望の完訳。

5720円／A5判／362頁

ISBN978-4-326-60107-3 （1996．11）

棚沢直子 編

女たちのフランス思想

ボーヴォワールが起こし、デルフィが、シクスーが、イリガライが旋風となって続く。女たちが作る思想はどこまで来たか。全体の見取図。

3300円／四六判／318頁

ISBN978-4-326-65209-9 （1998．9）

工藤庸子

政治に口出しする女はお嫌いですか？
スタール夫人の言論VS．ナポレオンの独裁
けいそうブックス

女は政治に口出しするな？ 文学に政治を持ち込むな？ 会話と文章を武器にナポレオン独裁に抵抗したスタール夫人を中心に、女性たちの闘いを描く。

2640円／四六判／240頁

ISBN978-4-326-65417-8 （2018．12）

平山 亮

介護する息子たち
男性性の死角とケアのジェンダー分析

男性による介護はなぜ困難か。「男性＝暴力的」図式を退け、老親介護という場で彼らが経験する重圧と軋轢をジェンダー視点から分析。「男らしさ」の規範とその虚構性を問う。

2750円／四六判／280頁

ISBN978-4-326-65405-5 （2017．2）

＊表示価格は二〇二一年四月現在。消費税（一〇％）が含まれております。

勁草書房刊